ゴルフは
科学でうまくなる

理論のツボを知れば、スコアは必ず縮まる!

ライフ・エキスパート[編]

河出書房新社

カバー写真◉Getty Images
本文イラスト◉渡辺隆司
協力◉エディターズワーク

〝理屈〟がわかれば、ゴルフは突然、断然うまくなる◉まえがき

・ドライバーを、あと10ヤード飛ばしたい
・1ラウンドのパット数を、30以下にしたい
・力みのない、流れるようなスイングをしたい
・プレッシャーに強いゴルファーになりたい

ゴルファーなら誰しもそんな夢を持っている。そして、その夢を実現させようとせっせと練習場に通い、ゴルフ雑誌やレッスン書を読み、「明日のラウンドこそ」と期待してコースに向かう。

しかし、自分への期待が裏切られるのがゴルフ。そして、自分の技術の未熟さと心の弱さを呪《のろ》いながら家路につく――。

なぜ、あなたは自分がイメージしたようなスイングやパッティングができないのか？　なぜ、あなたはベストスコアが出そうになるとダボを叩くのか？

それは、あなたの技術が未熟だからでも、ノミの心臓だからでもない。

あなたは、ゴルフボールが真っ直《ま》ぐ《す》に飛ぶメカニズムや、スイングにおける身体の正しい動き、さらにはプレッシャーにさらされたときの心理学的な対処法につい

て、知らないことが多すぎる、というだけの話なのだ。

ゴルフというスポーツは、「止まっているボールを打つ」という〝静のスポーツ〟。それだけに、ふつうの人にもわかりやすいという意味で、きわめて科学的である。「飛んで曲がらない」ための方法は、ゴルフクラブの選び方も含めて、ほとんど物理学によって説明できるし、パッティングにおけるボールへの力の加え方（タッチ）と転がり方、さらにはラインの読み方も、やはり物理学の得意ジャンルだ。

また、物理学的にみて〝理にかなったスイング〟をするためには、筋肉や関節など身体の各パーツが正しく連動しなければならないが、これも人間の身体の構造や運動生理学への理解があれば、身体に過大な負担をかけずに、いまあなたが有している力を100％ボールに伝えることができる。

ゴルフのスイングとは、練習と実戦経験によって少しずつ完成させていくものだと思われがちだが、最初にクラブと身体の動きについてのメカニズムを知っておけば、スイングをマスターする時間はずっと早くなる。

さらに、最新のスポーツ心理学の知見を活用すれば、プレッシャーの克服法もわかってくる。目の前に池があるのに、「池がないと思え」というのは、どだい無理な話なのである。

つまり、ゴルフという、きわめて科学的なスポーツは、人並《ひとなみ》以上の身体能力や強い精神力がなくても、物理学や運動生理学、スポーツ心理学などの知識があれば、それだけ早く上達するということ。この本のタイトルを「ゴルフは科学でうまくなる」としたのは、そういう理由による。

なるほど「シングルになるためにはトラック1台分のボールを打たなければならない」というのはウソではないだろう。なぜなら、それだけのボールを打てば、ゴルファーは自然にひとつのスイングの型が身につき、それなりに安定したボールが打てるようになるはずだからだ。

ただし、そのためには気の遠くなるような時間とお金、そして忍耐力が必要になる。また、そうした非科学的な努力によってつくりあげたスイングが、ムダのない、美しいスイングであるという保証もない。その点、理にかなったスイングは、誰が見ても美しいものだ。

時間もお金もない、しかしゴルフがうまくなりたいという人は、この本を一読してみてほしい。あなたの知らないことが書かれてあれば、その部分を読んだだけでも、あなたのハンデがひとつ減るくらいの効果があると自負している。

ライフ・エキスパート

1章 飛ばしの科学

●距離が出て、曲がらなくなる——

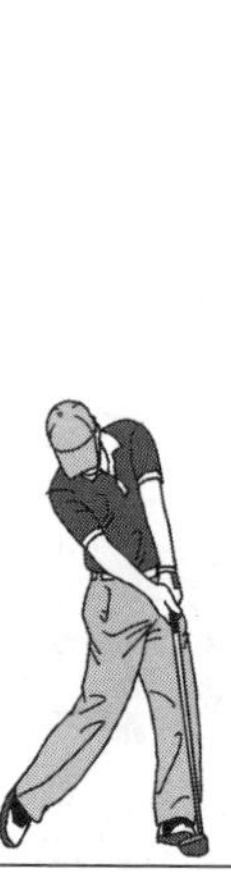

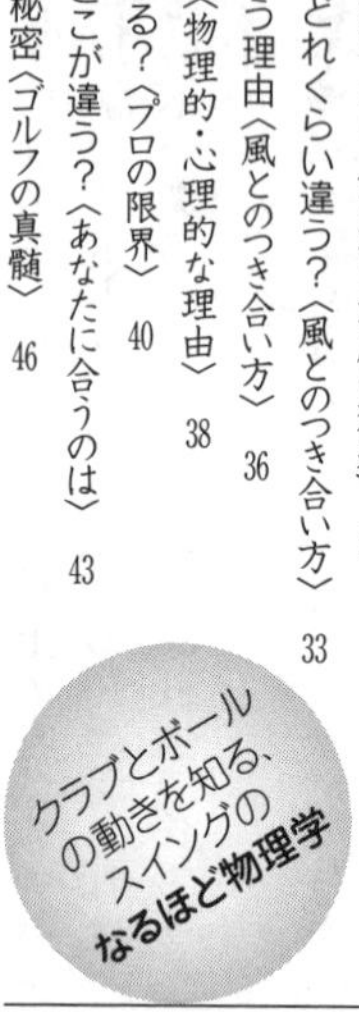
クラブとボールの動きを知る、
スイングの
なるほど物理学

2章 パットの科学

●ラインが見え、イメージどおり転がる——

グリーンとパターの構造を知る、カップインの**なるほど物理学**

3章 ボディの科学

●理想のスイングが、ムリなくできる――

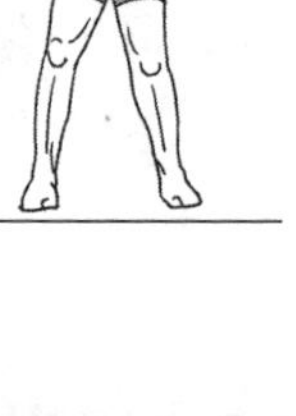

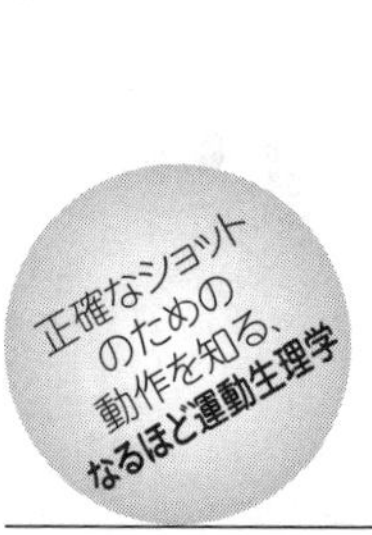
正確なショットのための
動作を知る、
なるほど運動生理学

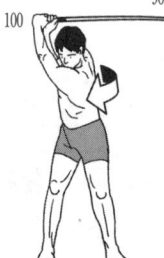

4章 メンタルの科学

●ここ一番に強く、崩れなくなる――

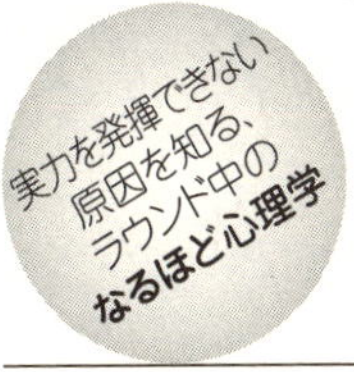
実力を発揮できない
原因を知る、
ラウンド中の
なるほど心理学

あ！

5章 道具の科学

●ナイスフィーリングを維持できる――

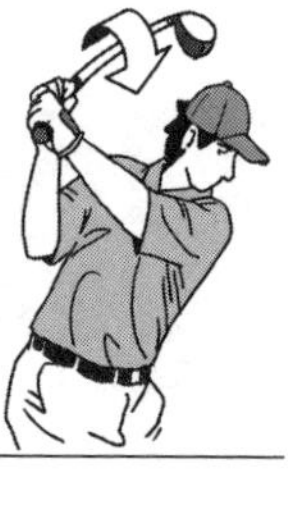

あなたに合ったギアと出合う、クラブのなるほど物理学

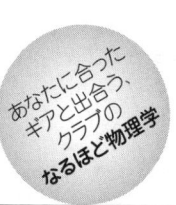

1章

●距離が出て、曲がらなくなる——

飛ばしの科学

クラブとボールの動きを知る、スイングの
なるほど物理学

ヘッドスピードの遅い女子プロがあなたよりも飛ぶ理由

〈ミート率の重要性〉

女子プロゴルファーの平均的な飛距離は240ヤードほど。彼女たちの体格は下半身はガッチリしているものの、まあふつうの女性とそう変わらない。

いっぽう、アマチュアの男性ゴルファーのAさんは身長175センチ、体重は70キロ。高校時代はテニス部にいたというスポーツマンだが、ドライバーの飛距離は220〜230ヤードしかない。

なぜ、Aさんは女子プロより体格がふた回りも大きく、運動能力も人並み以上にあるというのに、女子プロより飛ばないのか？

ヘッドスピードが遅いから？　いや、違う。Aさんがゴルフショップの試打室で計測してもらったところ、彼のヘッドスピードは43㍍/sあった。アマチュアの男性ゴルファーの平均が40㍍/sといわれているから、さすが元テニス部だけあってAさんはかなり速いほうなのだ。かたや女子プロのヘッドスピードは一般男性と同じ40㍍/sくらいしかない。

ニュートンの運動エネルギーの法則というのをご存じだろうか。

「運動エネルギー＝1／2×質量×（速度）2乗」

というもので、これをゴルフのスイングに置き換えると、ボールの飛距離は、ヘッドの重さ（質量）とヘッドスピード（速度）で決まるということがわかる。

ドライバーのヘッドの重さは、女子プロが使うものも一般男性が使うものも大差がない。ならば、ヘッドスピードの速いAさんのほうが女子プロより飛ぶというのが不変の真理のはずなのだが、なぜそうならないのだろうか。

答えは、Aさんのミート率が低いからだ。

ミート率とは、「ボールの初速÷ヘッドスピード」で求められる。ひと言でいえば、ヘッドスピードをどれだけ落とさずにボールに力を伝えるかを表す指標で、たとえばヘッドスピードが40㍍/sで、ボールの初速が60㍍/sなら、ミート率は1・5になる。

では、どうすればミート率がよくなるのかといえば、できるだけクラブヘッドの芯でボールをとらえるということ。

昨今のゴルフクラブやボールは、理論的には最大1・6弱のミート率が出るように設計されている。実際には、プロゴルファーのミート率は1・4〜1・5。対して、一般のアマチュアゴルファーは1・2〜1・3くらいといわれている。

【ミート率の重要性】

◎ミート率＝ボール初速÷ヘッドスピード
◎飛 距 離＝ボール初速×４

	女子プロ	Aさん
ミート率	1.5	1.3
ヘッドスピード	40m/s	43m/s
ボールの初速	60m/s	55.9m/s
飛距離	240y	223y

ヘッドスピードで勝っても、
ミート率が悪いと飛距離で勝てない

この差が飛距離にはどう表れるのか？飛距離（ヤード）はボール初速の４倍といわれている。

仮に、女子プロのミート率が１・５、Ａさんのミート率が１・３だとすると、二人のボール初速は、女子プロが60m/s、Ａさんが55・９m/s。

ということは、両者の飛距離は、女子プロが２４０ヤード。Ａさんは２２３ヤードで、実際の飛距離とほぼ同じになることがおわかりだろう。

どんなにヘッドスピードが速くても、ミート率が悪ければ、つまりボールをヘッドの芯で捕らえることができなければ思ったほど飛距離は出ない。

ミート率を上げるためには、スイング

軌道が正しくなければダメ。さらに〝一発の飛び〟ではなく、平均飛距離を上げるためには、再現性が高いということも条件になることはいうまでもない。

ボールの初速は速いのに飛ばない人のなぜ?

〈飛びの3要素〉

ゴルフで飛ばすためには、ミート率が大切だという話をした。

しかし、ミート率がいい、つまりボールの初速が速いゴルファーでも、思ったほど飛ばないケースが少なくないのはどうしてなのか。

たとえば、勢いよくボールは飛び出しても、テンプラであれば飛距離は出ない。あるいは、バックスピンが多すぎて吹け上がっても、ボールは急に失速して距離が出ない。

じつは、クラブの設計家の間では〝飛びの3要素〟といわれるものがある。「ボール初速、打ち出し角、スピン量」というのがそれで、この3つが最適の数値を示したとき、そのゴルファーの最大飛距離が出るのだ。

「ボール初速」については前項で述べたから、ここではあとの二つの要素について解説しておこう。

「打ち出し角」とは、ボールが打ち出されたときの弾道と地面の間にできる角度のこと。

理論的にいうと、もしも空気がなければ45度の角度で打ち出されたボールがもっともよく飛ぶとされているが、実際は地球には空気があるし、さらに後述するようにボールを遠くに飛ばすためには適度なスピンが必要になることもあり、それらを総合すると、ドライバーの理想的な打ち出し角は13〜18度といわれている。

実際、アメリカPGAの男子プロの平均的な打ち出し角は13〜15度。女子プロで16〜18度といわれている。アマチュアと比べるとかなり低いけれど、プロのボールは、低く出て途中から二段ロケットのようにグンと伸び上がる。それによってキャリーが出るのだ。

打ち出し角を決めるのは、基本的にクラブのロフトとスイング軌道（アッパーかダウンブローか）による。最新のゴルフ科学によると、高い打ち出し角と低スピンが飛ばしの条件といわれており、ロフト角に2〜4度プラスした角度が最適といわれている。

ただし、ヘッドスピードが40㍍/s前後の一般的なアマチュアゴルファーの場合はそういうわけにはいかない。ボールの初速がプロより低いから、打ち出し角が低いと、二段ロケットに点火する前にボールが失速、落下してしまうのだ。そのため、一般的にアマの場合、ドライバーの最適なロフト角は11～14度。そして、打ち出し角も、20～25度くらいがベストといわれている。

では、なぜ市販のドライバーは8～10度というものが多いのか？　ふつうならアマチュアにはとても使いこなせないはずだが、これにはじつは裏がある。

市販のドライバーのロフト表示はかなり〝水増し〟されており、たとえばロフト角が9・5度と表示されていても、実際のロフト（リアルロフト）は11度以上あるものがほとんどなのだ。

これは、メーカー側がアマチュアゴルファーの〝見栄《みえ》〟を満足させるための戦略。ゴルファーの間では、なぜかロフト角の少ないドライバーを使っているほど、ゴルフが上手《うま》いとみられるのはご存じのとおり。しかし、ボールが飛ばない、上がらないという人は、くだらない見栄を捨てて、高ロフトのドライバーを使ってみることをおすすめする。

最後は「スピン量」。

空中に飛び出したボールには、バックスピンがかかっている。これは、インパクトの瞬間、潰《つぶ》れたボールが溝のあるクラブのフェイス面をせり上がっていくときに生じる。バックスピンは揚力《ようりょく》を生み出すもとであり、ボールを飛ばすためには絶対に欠かせないものだが、スピン量が多すぎると吹け上がって距離が出ない。

また、サイドスピンが増えればボールは左右に曲がるから、これまた飛距離をロスする原因になる。

適正なバックスピン量は、ヘッドスピードが40m/sのゴルファーで2500r/m（回転／分）前後、45m/sのゴルファーで2800r/m前後といわれている。

ヘッドスピードの遅いゴルファーが、低ロフトのクラブを使うとバックスピンの量が減りすぎてボールが上がらず飛距離が落ちたり、反対にヘッドスピードの速いゴルファーが高ロフトのクラブを使うと、バックスピンが多くなりすぎて、キャリーもランも減ってしまうことが多いから要注意だ。

また、クラブの軌道では、ドライバーはアッパー軌道で打つのが基本だ。

ドライバーはボールを左寄りに置いて、なおかつティーアップしているのだから、必然的にインパクトはクラブヘッドが最下点を過ぎてからになる。

つまり、アッパー軌道になるのが自然であり、あまり意識する必要はないのだが、なかにはスライスに悩んでいるゴルファーがフェイスが開くのを恐れて、ダウンブロー気味に打ってしまうケースもある。しかし、これではかえってバックスピン量

【高ロフト・低ロフトの弊害】

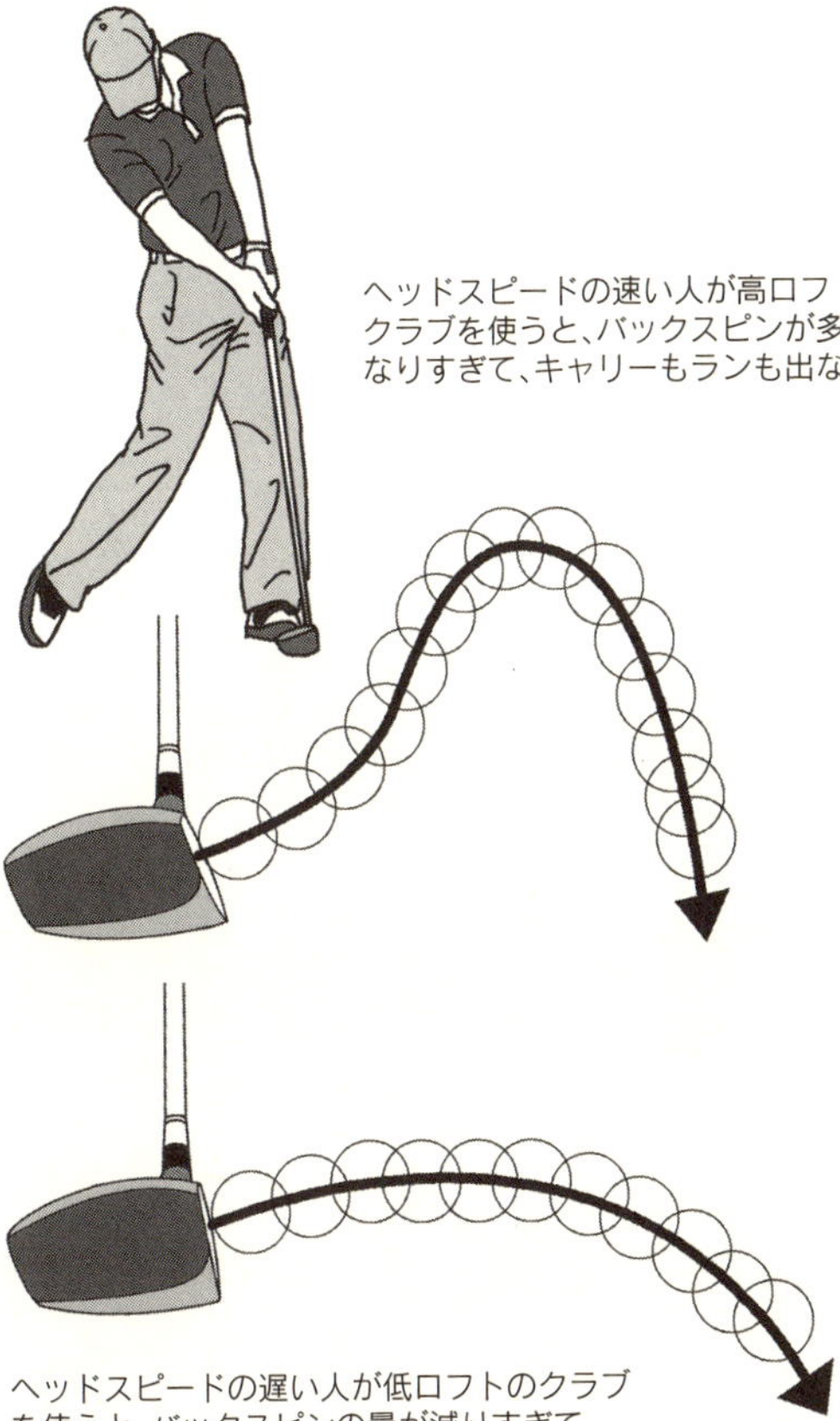
ヘッドスピードの速い人が高ロフトの
クラブを使うと、バックスピンが多く
なりすぎて、キャリーもランも出ない
ヘッドスピードの遅い人が低ロフトのクラブ
を使うと、バックスピンの量が減りすぎて、
ボールが上がらず、飛距離が出ない

が増えて、飛距離が出なくなる。

クラブの力でヘッドスピードを上げる方法

〈飛距離の裏ワザ〉

飛ばすためにはミート率を上げることが重要だとはいっても、やはりヘッドスピードが速いに越したことはない。では、ヘッドスピードを上げるためには、どうすればいいか?

トレーニングをして筋力を鍛え、ストレッチなどによって体の柔軟性を高める。あるいは、体から生まれたパワーをムダなくボールに伝えるスイングをマスターする――というのは正論。スイングにおける体の使い方については3章で詳しく説明するとして、ここでは、クラブの力を借りることでヘッドスピードを上げる方法を考えてみよう。

ひとつは、クラブ（ドライバー）のシャフトを長くすることである。クラブのシャフトが長くなれば、スイングアークがそれだけ大きくなって、遠心力も大きくなる。そのぶん、ヘッドスピードも増すという理屈だ。

ただし、シャフトが長くなると、タイミングがとりづらくなって、かえってミート率が落ちることもある。あるいは、空気抵抗が大きくなって、肝心のヘッドスピードが落ちることもある。

なかには、これまでタイミングの合っていなかった人が、長いクラブに替えたところリズムがゆったりして、スイング軌道も安定。ミート率が格段によくなるというケースもないわけではないけれど、けっきょく、長尺シャフトが合うかどうかはゴルファーの体力や、もって生まれたスイングのリズムによるといえるだろうか。これればかりは試してみるしかない。

つぎは、軽いクラブを使うという方法だ。最近のドライバーは、上級者向きのものでは、ヘッドが200グラム、シャフトが70グラム、グリップが50グラムの計320グラム前後のものが多い。

これを、ヘッドで10グラム、シャフトで10グラムの計20グラム軽量化したものに替えると、確実にヘッドスピードは上がるはずだ。

ただし、ヘッドスピードが上がるのも最初のうちだけ。そのうち、体がクラブの軽さに慣れてくると、しだいにヘッドスピードが元に戻ってしまうというケースが多い。それだけではない。軽いクラブを振っているうちに、知らぬまに手打ちになり、スイング自体がおかしくなるというケースもある。

【ヘッドスピードを上げるには】

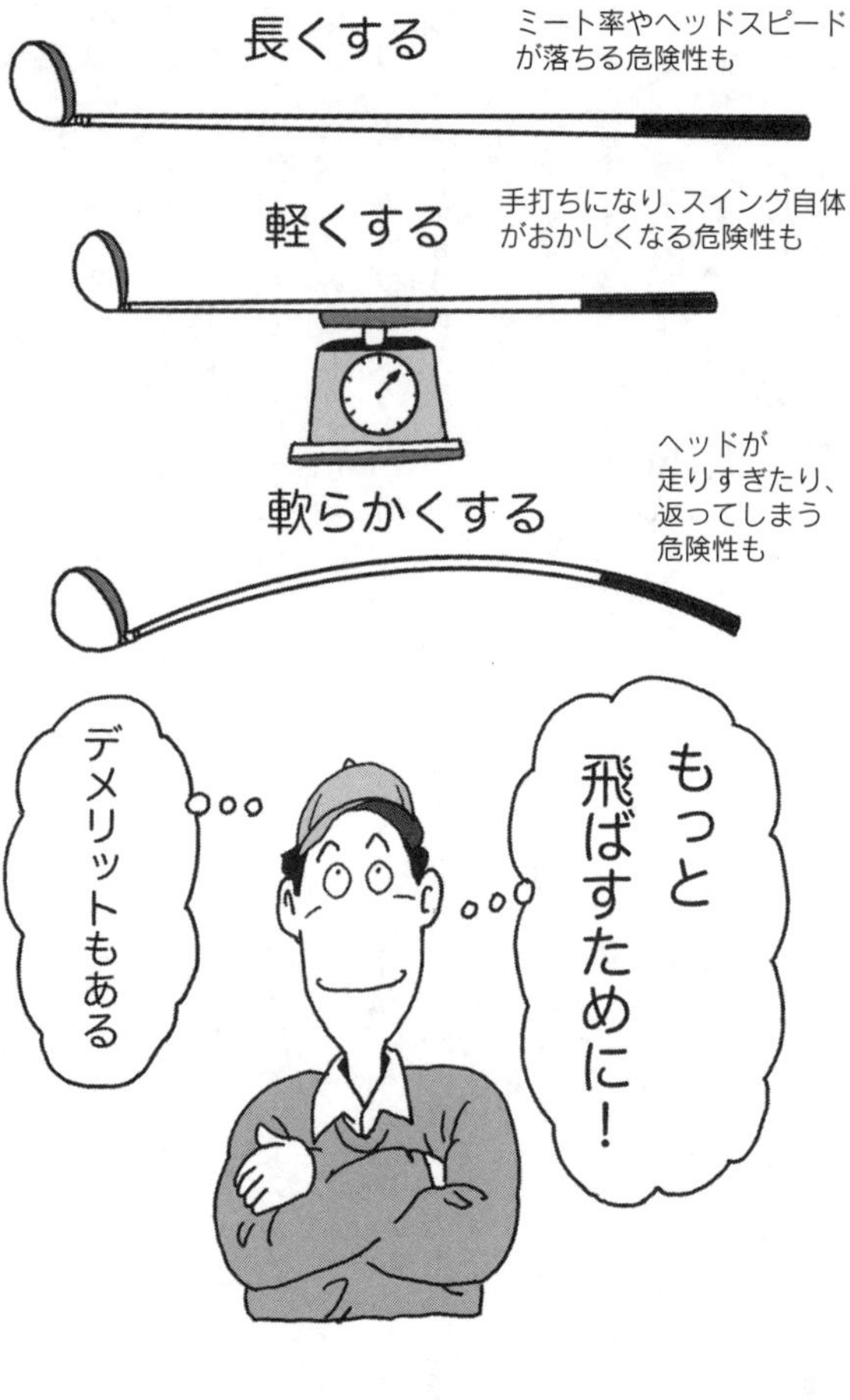

昔から、クラブは「振り切れる範囲の上限の重さ」がベストといわれてきた。最初の項目で紹介した運動エネルギーの法則からいっても、運動エネルギー（飛距離）は質量（ヘッドの重さ）に比例するのだ。軽いクラブに替えるのは、たとえば18ホール、ちゃんと振りつづけるだけの体力がなくなってからで遅くない。

最後は、軟らかいシャフトを使うという方法である。ゴルフのスイングでは、ドライバーであれ、アイアンであれ、かならずインパクトの直前でシャフトがしなり、しなったシャフトが元に戻ろうとする力を利用してヘッドスピードを上げるという仕組みになっている。

軟らかいシャフトは、この「しなって戻る力」が強いから、そのぶんだけヘッドスピードが増す。

ただし、それまで硬いシャフトを使っていた人は、たぶんタイミングがとりづらいはずだ。ひとつ間違うと、ヘッドが走りすぎたり（暴れたり）、返ってしまったりして、チーピンが出てしまうこともあるだろう。

軟らかいシャフトは、腕力のない女性や高齢者に向いているが、男性のプロゴルファーのなかには、腕力に頼らないスイングやスイングのタイミングの重要性を体感するために、あえて軟らかいシャフトのクラブを使って練習している人もいる。

参考にされたい。

ドライバーの芯を外したのに飛距離が出る理由
〈インパクトの瞬間〉

ドライバーの重心は、フェイスのほぼ中心にある。そこがすなわちスイートスポットであり、ここにボールが当たるのが、いわゆる「芯を食った」当たり。これがもっともよく飛ぶと思っているゴルファーが多い。

しかし、じつをいうと、これは勘違い。もっともボールが飛ぶのは、芯を少し上に（指一本分）外《はず》したときなのである。

こういうショットのときのスイングは、なんだか打感が物足りなく、あまりいい音もしない。だから、たいていのゴルファーはナイスショットだとは思わないのだが、実際にボールの落下地点に行ってみると、思いのほか飛んでいて当人もびっくり――あなたにもきっとそんな経験があるはずである。

なぜ、ドライバーの芯を少し上に外すとボールがよく飛ぶのか？

それは、ひとつには、多すぎるバックスピン量が減るからである。

左のイラストのように、ボールが芯のやや上に当たると、ボールとの衝撃によっ

【ドライバーの芯を少し上に外すとボールが飛ぶ謎】

ヘッドは反時計回りに回転し、ボールは時計回りに回転する。バックスピン量は相対的に減り、飛距離が出る

ボールヘッドの上部に当たった瞬間、フェイスが上を向き、結果的に打ち出し角が大きくなる

て、ヘッドは反時計回りに回転しようとする。ボールとヘッドの表面は、インパクトの瞬間、まるで歯車のように嚙み合っているため、ボールはヘッドの回転方向とは反対の時計回りに回転しようとする（この場合はトップスピン）。これが「ギア効果」といわれるもので、この場合は、結果として相対的にバックスピン量が減り、そのぶんだけ飛距離が出るのだ。

もうひとつ、ボールがヘッドの上部に当たると、瞬間的にフェイス面が上を向くため、クラブのロフトが大きくなる。つまり、打ち出し角が大きくなるわけで、これも芯の上で打ったショットがよく飛ぶ理由になる。

反対に、ボールがヘッドの芯より下に当たると、先ほどとは反対向きのギア効果が働くため、ボールにはますますバックスピンがかかる。フェイス面もインパクトの瞬間、下を向くから打ち出し角も低くなり、飛距離も落ちてしまうというわけだ。

そもそも「ボールはなぜ曲がるのか」を理解する

〈球筋を決めるもの〉

アベレージゴルファーには、どんなショットも「真っ直ぐ」飛ばしたがる人が多い。しかし、ゴルフのショットで、もっとも難しいのはストレートボールを打つこと。その理由は、ボールが曲がる理由を考えてみればよくわかる。
どんなスイングであれ、飛んで行くボールの球筋は、
1・インパクト時のヘッドの軌道
2・インパクト時のヘッドの向き
3・インパクト時の打点
という3つの要素で決まる。
1の「ヘッドの軌道」には、ストレート、アウトサイドイン、インサイドアウトの3種類があり、この場合、真っ直ぐに飛んでいくのはストレートの場合だけだ。アウトサイドインは、俗にカット打ちと呼ばれるようにサイドスピンがかかってスライスになるし、インサイドアウトは反対向きのサイドスピンがかかってフックになる。
2の「ヘッドの向き」には、スクエア、オープン、クローズドの3種類があり、この場合も、スクエア以外では、サイドスピンがかかって、スライスやフックが出やすくなる。
3の「打点」は、センター、ヒール寄り、トゥ寄りの3種類があり、やはりセンター以外はサイドスピンがかかって、スライスやフックが出やすくなる。

【打球が曲がる3つの要素】

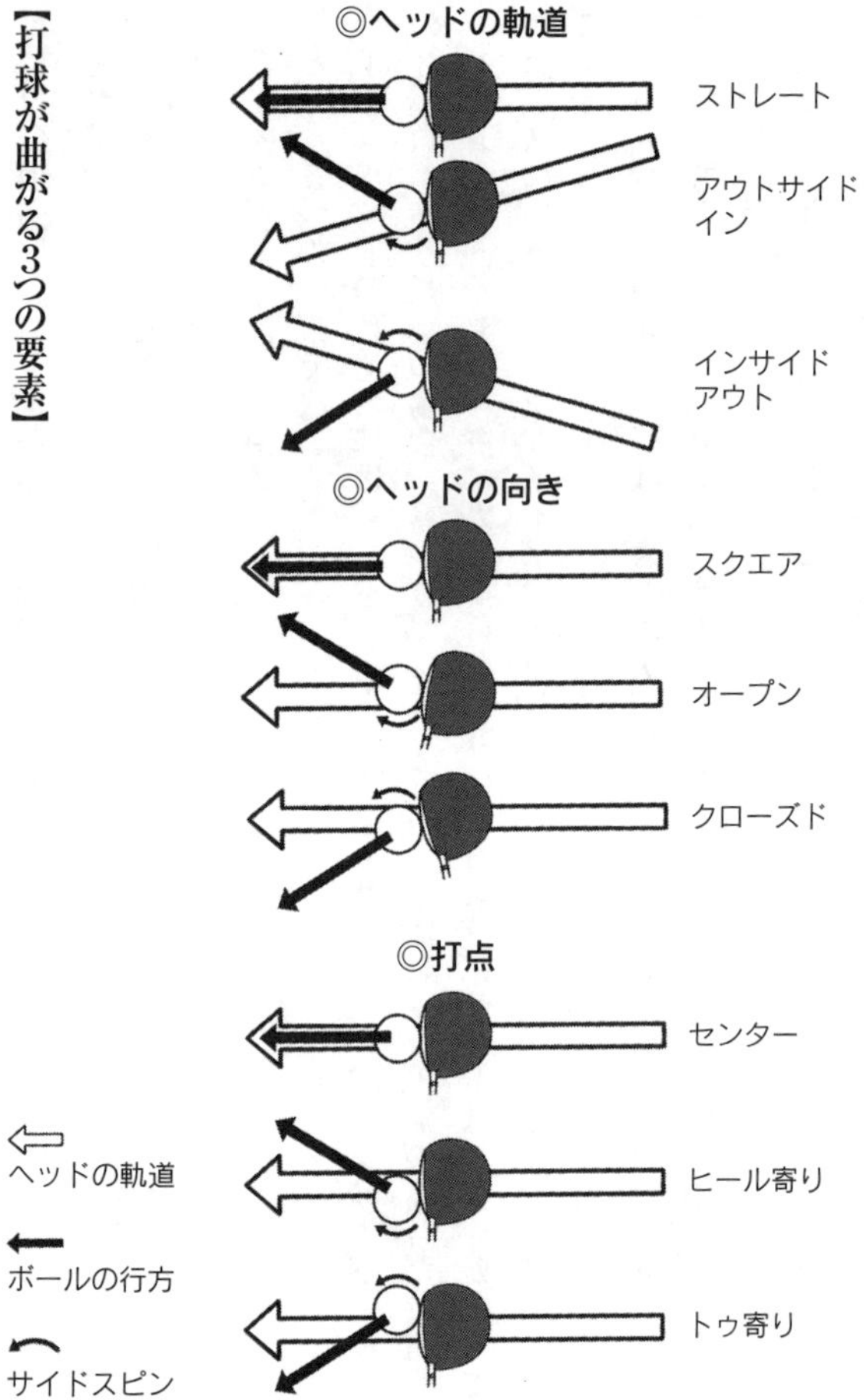

実際には、この3つの要素が複雑に組み合わさることで球筋が決まる。出球の方向（ボールが飛び出す方向）を決めるのは基本的にヘッドの軌道だが、そこにどんなサイドスピンがかかるかによって、ボールは左右どちらにも曲がる。

たとえば、ヘッドの軌道がストレートでも、インパクト時のヘッドの向きがオープンなら、出球の方向はストレートでも、最後は右に切れる。あるいは、ヘッドの軌道がアウトサイドインで、打点がトゥ寄りという場合は、ボールは左に飛び出し、途中からさらに左に曲がるボールになる。

球筋には、ボールの高低を除くと、つまるところ「真っ直ぐに出て、最後まで真っ直ぐ」「真っ直ぐ出て、右に切れる」「真っ直ぐ出て、左に切れる」「右に出て、さらに右へ」「右に出て、そのまま真っ直ぐ」「右に出て、左に戻る」「左に出て、さらに左へ」「左に出て、そのまま真っ直ぐ」「左に出て、右に戻る」の9種類しかないが、それは先の3要素の組み合わせによるのだ。

こうみてくると、「最後まで真っ直ぐ」というボールは、「ヘッドの軌道がストレートで、インパクト時のヘッドの向きがスクエア。そして、ヘッドの芯でボールを捕らえたとき」だということがおわかりだろう。

これは確率的にいうと、9分の1でしかない。いや、実際のスイングではその確

【球筋はこの9種類】

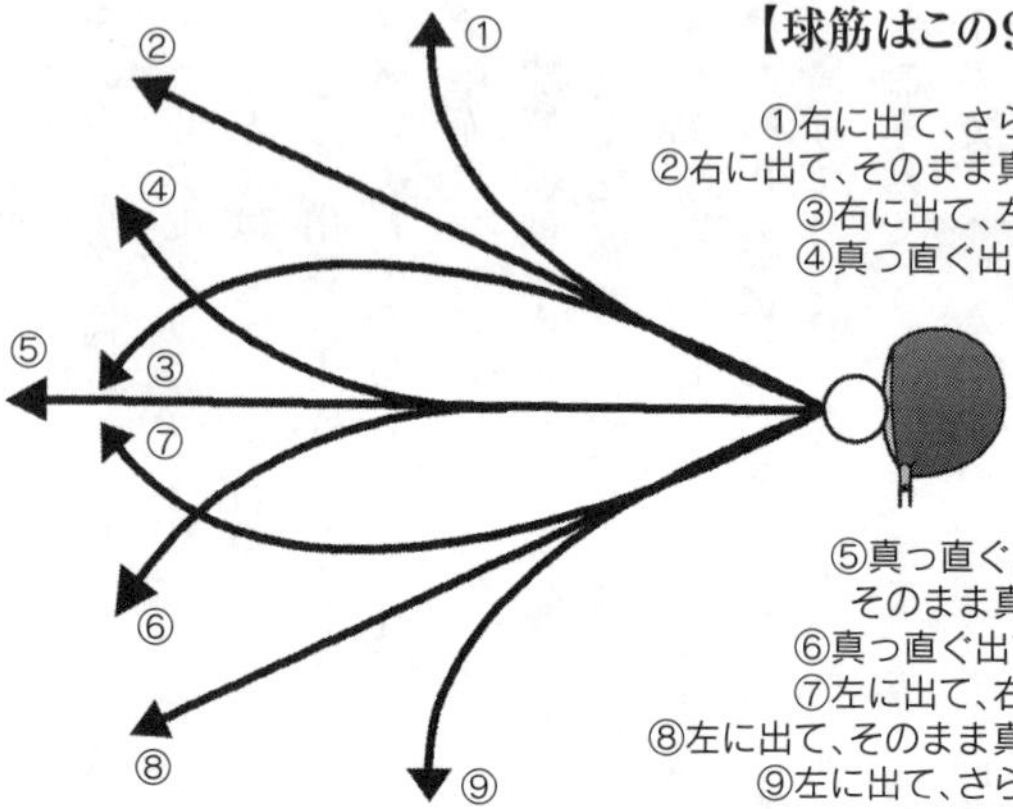

①右に出て、さらに右へ
②右に出て、そのまま真っ直ぐ
③右に出て、左に戻る
④真っ直ぐ出て、右へ
⑤真っ直ぐに出て、
そのまま真っ直ぐ
⑥真っ直ぐ出て、左へ
⑦左に出て、右に戻る
⑧左に出て、そのまま真っ直ぐ
⑨左に出て、さらに左へ

率はもっと減るはずで、ストレートなボールを打つことがいかに難しいかがおわかりのはずだ。

ともかくボールというのは、少しでもサイドスピンがかかると、左右どちらかに曲がる運命にある。

ただ、プロや上級者になると、自分のスイングのクセをよく知っているから、自分の打球にはどんなサイドスピンがかかりやすいかがわかっている。

つまり、それが持ち球で、持ち球があれば、コースの攻略はぐっと簡単になる。

このように、ボールが曲がる理屈を知ったうえで、さらにその技術があれば、ボールを意図的に曲げることも可能というわけである。

天気や気圧はどれくらい飛距離に影響する?

〈気温や湿度の効果〉

夏と冬では夏、高原と低地では高原のほうがボールはよく飛ぶ――ゴルファーなら誰しも経験ずみのことだろうが、実際のところ、天気や気圧はどれくらい飛距離に影響を与えるのだろうか。

空中を飛んで行くボールは、いうまでもなく空気の抵抗を受ける。その空気の抵抗も、空気の密度が高いほど大きくなるが、このようなボールが飛ばない条件がそろうのは、気温・湿度ともに低く、気圧が高いとき。夏の高原ゴルフは、冬の〝低地ゴルフ〟よりボールが飛ぶのは当然なのだ。

では、具体的には、どれくらい飛距離が違うのか?

『飛ばすため! 曲げないため! クラブ&ボール本当の科学』(山口哲男・パーゴルフ新書)によると、気温0度のときと36度のときとでは、ヘッドスピードが40㎧のゴルファーで、キャリーとランをトータルして10ヤードも違うという。

これは、ボール自体も外気温と同じ場合のデータだが、この場合、ボール自体の温度による差は3ヤード、外気温の差による差は7ヤードだという。冬は、ポケットの中でボールを温めておくとよく飛ぶといわれるが、まあ3ヤードくらいの効果はあるというわけだ。

次は湿度。

湿度が高いほうが飛ぶということを意外に思った人も多いはずだが、それは誤解。湿度が高いということは、空気中の水の分子の比率が高くなっているということ。水の分子は、空気の主成分である窒素や酸素の分子より軽いため、湿度が高いほど空気の密度は低くなる。だから湿度が低いときより飛ぶのだ。

湿度が高いほうが飛ばないという印象があるのは、おそらく雨でボールが飛ばなくなるのを湿度のせいだと勘違いしやすいからかもしれない。ただし、同書によると、湿度10%のときと90%のときとでは、0・8ヤードほどの差しかないというから、湿度による差はほとんどないといってもよさそうだが。

最後は気圧で、標高1000メートルのコースは、標高0メートルのコースより5ヤード飛ぶという。

2011年の全米女子オープンは、7047ヤードという史上最長のコースで開催されたが、その場所は、標高2000メートルというコロラドスプリングスにあるブロードモア・ゴルフクラブ。

先の計算でいくと、ドライバーで10ヤード、ほかのクラブもワンクラブくらいは違うわけで、18ホールで36回ショットするとすれば、単純計算で360ヤードはよけいに飛んでしまうことになる。

そう考えれば、7047ヤードというセッティングも、けっして無謀《むぼう》とはいえないことがおわかりだろう。

アゲンストとフォローでは飛距離がどれくらい違う？
〈風とのつき合い方〉


ゴルファーをもっとも悩ます気象条件といえば、これはもう強風下のラウンドだろう。

雨は、後述するように少々距離が落ちるくらいですむけれど、風速10m/sもあるような強風下のラウンドでは、無風状態と比べてクラブの番手が2～3番手違うことも珍しくない。

さらに、横風の場合は、ターゲットの20～30ヤード左や右を狙わなければならない場合もある。プロのトーナメントでも、こうした条件では、平均スコアが2～3打は悪くなる。風に慣れていないアマチュアなら、5～6打悪くなったとしても不思議ではない。

では、風がショットに与える影響は、具体的にはどれほどなのか?

前出の本によれば、風速5m/sのアゲンストに向かってヘッドスピードが40m/sのゴルファーがドライバーを打った場合、約17ヤードも飛距離が落ちるという。反対に、風速5m/sのフォローの場合は、約12ヤード飛距離が伸びる。

アゲンストのときのほうが飛距離への影響が大きくなるわけで、だからアマチュアにはアゲンストが嫌いな人が多いのかもしれない。

さらに、アゲンストのときにバックスピン量の多いショットを打つと、ボールが吹け上がり、ますます飛ばなくなる。

これは、アゲンストのときはボールと空気の間の相対速度の差が大きくなり、ボールを高く上げる揚力《ようりょく》も必要以上に大きくなるからだ。

「アゲンストのときにはボールを強くヒットしてはいけない」とよくいわれる。風に負けまいと強くヒットしてはバックスピン量が増えていつも以上に揚力が大きくなり、結果としてボールが吹け上がってしまうからで、これはじつに的を射たアドバイスなのである。

この項の最後に、風速を判断するための目安である「ビューフォート風力階級」

の一部を紹介しておこう。

これは19世紀の初めにイギリス海軍のビューフォート提督が提唱したもので、気象庁の風力階級もこれにしたがっている。

風力	風速（m/s）	陸上の様子
0	0.3未満	静穏。煙はまっすぐ昇る
1	0.3〜1.6	煙がなびくが、風見（風力計）は動かない
2	1.6〜3.4	顔に風を感じる。木の葉が動く。風見も動き出す
3	3.4〜5.5	木の葉や細かい小枝が絶えず動く。軽い旗が開く
4	5.5〜8.0	砂ぼこりが立ち、紙片が舞い上がる。小枝が動く
5	8.0〜10.8	葉のある灌木が揺れ始める。池や沼の水面に波頭が立つ
6	10.8〜13.9	大枝が動く。電線が鳴る。傘が差しにくい
7	13.9〜17.2	樹木全体が揺れる。風に向かっては歩きにくい

まあ、ゴルフができるのは風力6くらいまで。風力8ともなると、家屋にも被害が出はじめ、とてもゴルフどころではないはずだが……。

〈風とのつき合い方〉

フォローなのに飛距離が落ちてしまう理由

風がフォローのときは飛距離が伸びる――太陽が東から昇って西に沈むくらい当たり前の話のように思えるが、ときとしてフォローなのに飛距離が落ちてしまうことがあるからゴルフはわからない。

フォローの風が強すぎると、ボールが最高点に到達する前に、突然落下してしまったり、最高点を過ぎて下降軌道に入ったときに、ストンと落ちたりすることがあるのだ。

前者は、いわゆる「風に叩かれる」というもので、ボールが後ろから風に押されることでバックスピンの量が減ったために起きる。とくに打ち出し角が低いときに起こりやすい。

後者は、いわゆる「ドロップ」。下降軌道に入ったボールは徐々に速度が遅くなるが、フォローの風が強いと、ボールの速度と風の速度が同じになってしまうことがある。すると、ボールのまわりでは空気の流れが少なくなり、揚力が落ちる。つまり、文字どおり、ボールが急に落下（ドロップ）してしまうのだ。

【風に叩かれる】

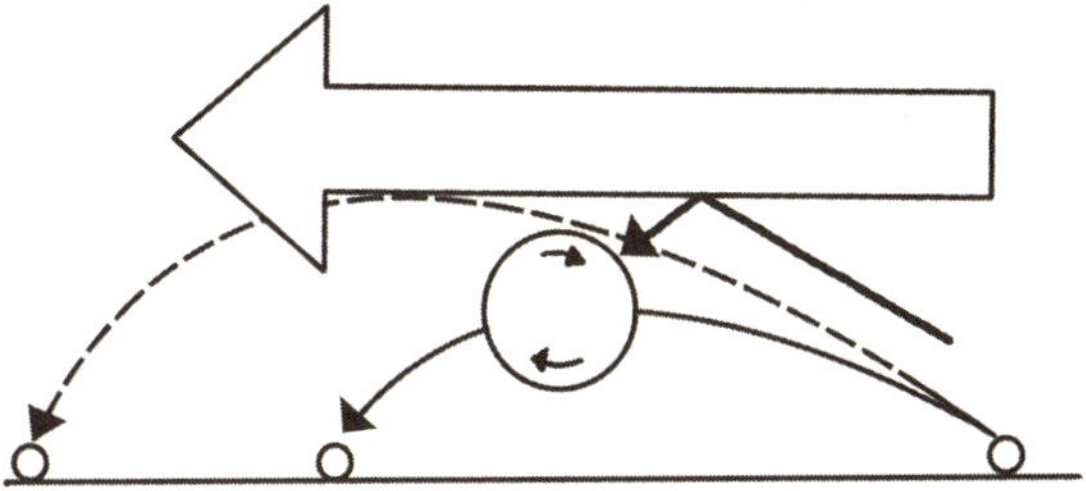

【ドロップ】

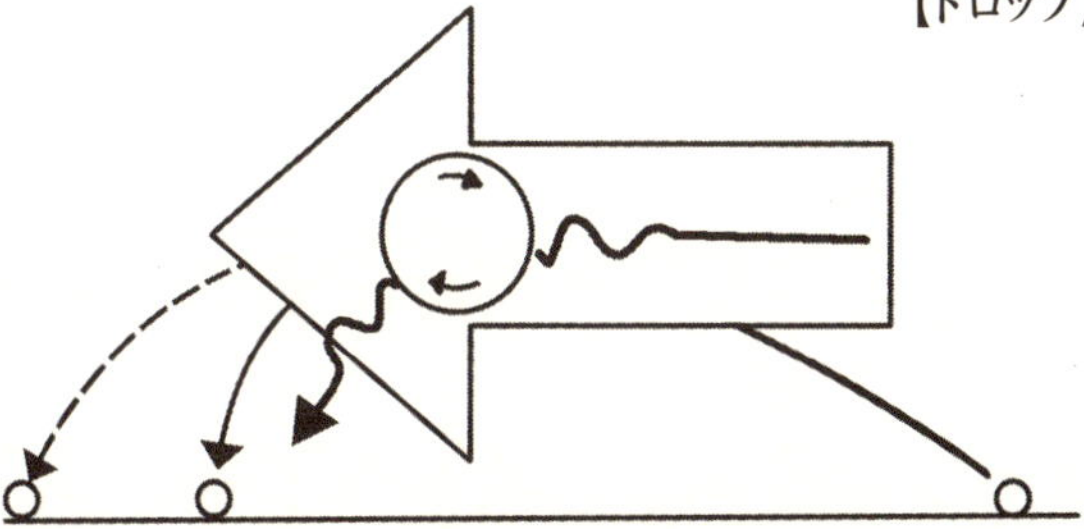

これを防ぐには、クラブをしっかり振り切り、スピンをかける。こうすれば、風に乗せることができる!

こうした不運に遭遇しないためには、クラブを最後まで振り切ることで、ボールにしっかりとスピンをかけること。そうすれば、ボールは風に叩かれることなく、風に乗せることができる。

あるいは、フォローのときは、スプーンで打つという選択もある。そのほうがドライバーより飛ぶことがあるからだが、これは、スプーンを使うと打ち出し角が大きくなって、風に乗せることができるからだ。

雨は飛距離にどれくらい影響する?

〈物理的・心理的な理由〉

雨のゴルフは、強風下のゴルフより、よほどラクというゴルファーが多い。なかには、雨音が周囲の雑音を消してくれるため、かえって集中できるとか、グリーンが濡れて止まりやすくなっているので好スコアが出る、という人もいる。

とはいえ、飛距離という点で雨が悪影響を及ぼすのは事実。「どれくらいの雨量だと、どれくらい飛距離が落ちるのか」というたしかなデータはないが、雨には質量がある。重みのあるものがボールに当たれば、飛距離が落ちて当然である。

もっとも、雨のラウンドで飛距離が落ちるのは、雨粒がボールに当たることよりも、もっと大きな要因がある。もっとも大きいのは、地面が濡れているためランが出ないということ。とくに、ふだんはランで飛距離を稼いでいるドローボールヒッターには影響大だ。

ボールとクラブフェイスの間に水が入り込むことも、飛距離に影響を与える。ドライバーやウッドは、バックスピン量が減ってボールが上がりにくく、飛距離が落ちるのだ。

ただし、アイアンの場合は、フライヤーと同じで、ボールとフェイスの間に水が入り込むと、やはりバックスピン量が減って、予想以上にボールが飛んでしまうこともある。いずれの場合も、ショットの前にはクラブのフェイスを拭《ふ》いておくのが雨ゴルフの常識といえる。

このほか、雨でボールが飛ばないのは雨具のせいという場合もある。

スイングと人間の体の関係はじつに微妙で、セーター一枚着ているかどうかで、肩の回り方が違ってくる。ましてゴワゴワした雨具の場合、スイングに与える影響はセーター以上だろう。

最後はゴルファー心理。これは風についてもいえるが、雨をイヤだと思うと、それだけでスイングのリズムが速くなりがち。その結果、飛距離が落ちるだけでなく、いろんなミスショットが出てしまう。

対策は、雨ゴルフもゴルフのうちだと思うこと。そして、ボールが止まりやすい、集中できるなどのプラス面をみつけて、「雨ゴルフも楽しい」と思えるようになれば、まず大叩きはしないものだ。

ドライバーの飛距離はどこまで伸びる?
〈プロの限界〉

毎年のように発売されるドライバーの新モデル。その謳《うた》い文句は、いつも「旧モデルより飛んで、曲がらない」であるのはご存じのとおり。

カタログなどを細かくみていくと、「当社比で10ヤードの飛距離アップ」などと記されていたりもする。

新しいドライバーを買うたびに飛距離が10ヤードずつ伸びるのなら、10年間、新しいドライバーを買いつづけた人は、10年前より100ヤードも飛距離が伸びたことになるが、生憎《あいにく》そういう話は聞いたことがない。

たしかに、パーシモンヘッドのドライバーからチタンヘッドのドライバーへの劇的な変化に象徴されるように、ここ数十年のドライバーの進化は、ボールの進化とも相《あい》まって、ゴルファーの飛距離を大幅にアップさせてきた。

アメリカのプロゴルファーのデータをみても、そのことははっきりとみて取れる。まだパーシモンを使っていた１９８０年。この年の飛ばし屋ナンバーワンは、ドン・プーリーで、彼のドライバーの平均飛距離は２７４・３ヤードだった。全選手の真ん中へんにいる60位の選手で平均２６０・０ヤードである。

それが、チタンヘッドが登場して数年後の１９９７年になると、ジョン・デイリーが３０２・０ヤードと初めて３００ヤード超えを達成。この年の61位の選手の飛距離も２７０・６ヤードと、17年前に比べて10ヤード以上も伸びている。

さらにその後もヘッド体積の増大などの技術革新が進み、２００６年にはババ・ワトソンが３１９・６ヤードを記録。60位の選手も２９４・７ヤードと、「３００ヤード飛ばしても飛ばし屋とはいわれない」という恐ろしい時代がやってくる。このままでは、トーナメントを開催するコースも８０００ヤードは必要……などと噂されていたのだが、２００７年以降、どういうわけか記録の伸びがぱったり止まってしまった。

２００７年から現在（２０１１年9月）まで、飛距離ナンバーワンの選手の記録は３１２～３１８ヤードの間で推移しており、２００６年のババ・ワトソンの記録はまだ破られていない。60位の選手の飛距離も、293~296ヤードと、2006年当時とほとんど変化がない。

プロゴルファーは、オフには筋力トレーニングをするなど、飛距離アップにつとめている。さらに、クラブについては専門のスタッフが試合会場に帯同《たいどう》しており、その選手の能力を最大限に引き出すクラブをチューンナップしてくれている。

にもかかわらず、ここ5年間、ドライバーの飛距離が伸び悩んでいるということは、ドライバーやシャフト、ボールなどの進化が一段落したとみていいのではないか。あるいは、2008年から、いわゆる高反発ドライバーの使用が禁止されたことが大きいのかもしれないが。

もっとも、プロの飛距離が頭打ちだからといってアマチュアゴルファーの飛距離ももう伸びないということにはならないだろう。なぜなら、アマチュアゴルファーには、プロのような筋トレを行なっている人は少ないし、ベストのクラブをつくってくれる専門のスタッフもいないからだ。

それに、そもそもの話、アマチュアには飛ばすためのスイングができない人が圧倒的に多い。つまり、アマチュアの場合は、まだまだ〝伸びしろ〟があるのだ。

とはいえ、プロレベルからみると、道具の進化はすでに止まっていると判断するのが妥当。そう思えば、やはり「もっと飛ぶ」という宣伝文句には眉にツバしたほうがよさそうである。

〈あなたに合うのは〉
「飛ぶボール」と「止まるボール」はどこが違う?

理想のゴルフボールをひと言でいえば、「飛んで、止まる」ボールということになる。ドライバーショットではどんなボールよりも飛び、グリーンを狙うショットではどんなボールよりもぴたりと止まる——。

しかし、厳密にいうと、こんな夢のようなボールは存在しない。なぜなら、「飛ぶ」ということと「止まる」ということはボールの性能上、矛盾するからである。

飛ばすためには、適量のバックスピンが必要だが、バックスピンが多すぎては吹け上がってしまうことはすでに述べた。しかし、止めるためにはバックスピンは多いほうがいい(多すぎると、ボールが戻ってくる。プロにとってはそれはそれで計算のうちだが)。

ドライバーのときはバックスピンが適量で、ウェッジのときは最大限のバックスピンがかかる——そんな夢のようなボールは、残念ながら、まだ開発されていないのだ。

もちろん、メーカー側は、そんな夢のボールを開発しようと日々、知恵を絞っている。そして、プロや上級者向けのボールには、かなり理想に近づいているものも増えている。

しかし、厳密にいうと、「飛ぶボール」は止まることを犠牲にしているし、「止まるボール」は飛距離を犠牲にしている。どちらもベストとはいかない。そのことは、メーカー側が「飛ぶボール」と「止まるボール」を分けて販売していることでもわかる。

では、両者の違いはどこにあるのか?

もっとも大きな違いはボールの表面を覆うカバーの材質にある。

ほとんどの場合、飛ぶボールは、アイオノマー(サーリン)、止まるボールはウレタンが使われている。

アイオノマーはウレタンより反発性能が高いため、よく飛ぶ。いっぽう、ウレタンはアイオノマーより柔らかいため、よくスピンがかかり、打感もソフトだ。

さらに、プロや上級者向けのボールは、同じウレタンを使っていても、内部のコアを替えることで、飛距離重視型とスピン重視型のボールに分けられる。

いずれにせよ、プロや上級者の多くがウレタンカバーのボールを使うのは、少々飛距離を犠牲にしても、グリーンを狙うショットやアプローチでボールを止めたいからだ。打感がソフトなため、アプローチに必要な微妙なタッチが出しやすいというメリットもある。

飛距離だけではスコアを縮めることはできないが、カップの側《そば》でピタリと止まれば、それだけで1《ワン》ストローク違ってくる。勝負の世界に生きるプロなら、当然の選択といえるだろう。

止まるボールの難点は、値段が高いことと、カバーが傷つきやすいこと。そして、スピン量が大きくなるため、ショットのさいどうしてもボールが曲がりやすいことである。

その点、飛距離重視のボールは値段が安く、傷つきにくい。おまけに止まるボールより曲がりにくい。というわけで、とにかく「ボールの1個や2個なくなってもいいから、ドーンと飛ばしたい」という人には、安価な飛距離重視型のボールをおすすめする。

プロのアイアンがあんなによく飛ぶ秘密

〈ゴルフの真髄〉

プロとアマ。その飛距離の違いはドライバーだけではない。アイアンもまた然《しか》り。プロは、9番アイアン（9Ｉ）で150ヤードくらいは当たり前のように飛ばすし、200ヤードのパー3を7番アイアン（7Ｉ）くらいで狙うケースもざらだ。

しかもプロの使うアイアンは、アマチュア向けのものよりたいていロフトが1～2度多い。それでいて、アマより2～3番手以上飛ぶのはどうしてなのか？

ヘッドスピード、つまりパワーが違うから？

答えはノーだ。アイアンは距離をコントロールするクラブ。プロは、アイアンをマン振りするなんてことはまずしない。まあ、それでもプロのほうがアイアンをマン振りしてしまうアマよりヘッドスピードが速いのは事実だが、それだけであれだけの飛距離の差は出ない。

アイアンの飛距離に差が出るもっとも大きな理由。それは、アマの多くはアイアンをすくい打ちしようとするが、プロはダウンブローで打っていることにある。

ダウンブローというと、ふつうのスイングより鋭角的に上から打ち込むことだと

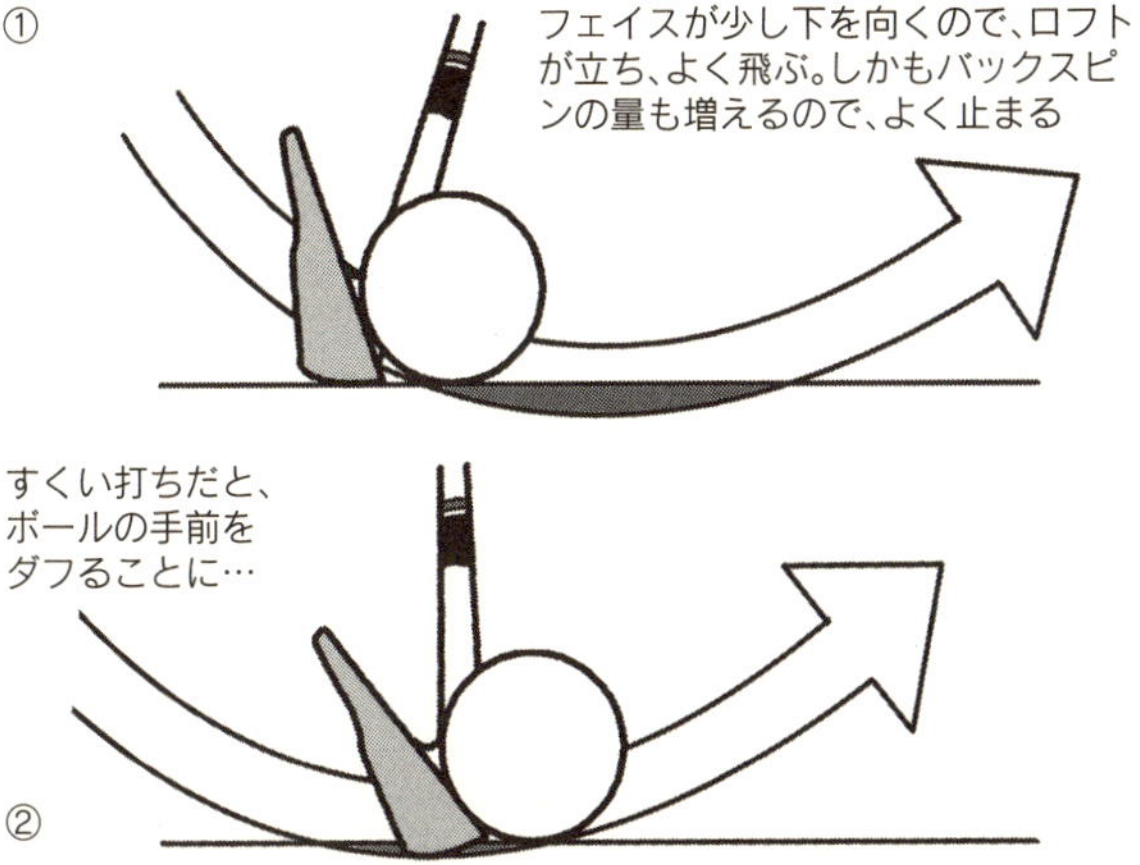
①
フェイスが少し下を向くので、ロフトが立ち、よく飛ぶ。しかもバックスピンの量も増えるので、よく止まる
すくい打ちだと、ボールの手前をダフることに…
②

思っている人が多いが、そうではない。

じつはダウンブローとはいっても、特別なスイングをしているわけではない。ただ、ボールをティーアップしているドライバーと違って、アイアンの場合はスイングの最下点がボールの先にくる。

つまり、ヘッドが落下しながら、別な言い方をすればダウンスイングの途中でボールに当たっているわけで、だからダウンブローというのだ。

その証拠に、プロのアイアンショットでは、ボールのあったところより先にターフがとれる。もし、ボールの手前にターフがあれば、それはダフったという証拠なのだ。

では、なぜダウンブローだと飛ぶのか

といえば、インパクトのときのロフトが立っているからだ。

前ページのイラスト①のように、ダウンブローではヘッドが落下しながらボールに当たっているから、フェイスが少し下を向いている。たとえば9Iのロフトが7Iくらいになっているわけで、これでは飛ばないほうがおかしい。

しかも、ダウンブローで打つとバックスピン量が増えるから、ボールは高く上がり、グリーンに落ちてもあまり転がらない。文字どおり、ピンをデットに狙うことができるわけだ。

考えてみれば、ゴルフというのは地面にあるボールを打つゲームなのだから、ボールを下から打つことはできない。FWは、よく横から払うように打てというが、これもアイアンよりはヘッドの入射角がゆるやかになるというだけで、やはりダウンブローで打たないとボールは上がらない。

アマチュアの多くがアイアンをすくい打ちしようとするのは、そうしないとボールが上がらないと思い込んでいるからだ。

しかし、ラフに浮いたボールでもないかぎり、ボールの下に隙間はないのだ。ボールを上げようとしてすくい打ちすれば（前ページのイラスト②）、ボールの手前をダフるか、ボールの頭をかすめる（トップ）しかないことがおわかりのはずである。

2章

パットの科学

●ラインが見え、イメージどおり転がる――

グリーンとパターの構造を知る、カップインのなるほど物理学

パターの芯で打つことの本当の意味

〈正しいカップイン〉

パッティングのグリップやストロークの仕方は人それぞれだ。

いや、そもそもの話、パターの形状からして、長尺もあれば、センターシャフトもある。ヘッドもオーソドックスなピンタイプから2ボール、マレットなどさまざま。その組み合わせは、ほとんど無限といっていいほどだが、どんなパターであれ、打ち方のスタイルであれ、パットの上手《うま》いゴルファーには共通することがひとつだけある。

それは「つねにパターの芯《しん》でボールをとらえている」ということである。

パターの芯で打ったボールは、転がりがよくなり（きれいな順回転になる）、少々の傾斜や芝目に負けることなくスッと伸びる。しかし、芯を外して打ったボールは、途中までラインに乗っていても、カップの手前で止まってしまったり、切れたりする。

アマチュアには、カップの手前で止まると「タッチが弱かった」、左右に切れると「ラインが違っていた」と考える人が多いけれど、本当の理由は「芯を外《はず》していた」というケースがひじょうに多い。

逆にいえば、芯を外しているにもかかわらずカップインしたパットは、結果オーライ。本当はミスパットなのだ。そのことに気がついていないかぎり、パッティングの上達は望めないといっていい。

また、パッティングでもっとも重要なのは距離感だが、その距離感を養うためにもパターの芯で打つことはひじょうに大切になる。

同じストローク幅でパッティングしても、芯でとらえたときと芯を外したときとでは、転がりが違う。

つまり、パターのヒッティングポイントが毎回のように違っていては、たとえば「この振り幅なら5メートル」のような基本ができない。これでは、いつまでたっても自分なりの距離感ができないのも当然だろう。

距離感の基本になるのは、もちろん、芯でとらえたときの転がり具合である。

パッティングというと、ラインやタッチばかり気にする人が多いけれど、それ以前に大切なのはパターの芯で打つこと。そのための練習なら、自宅のカーペットの上でも十分できる。

パッティングのストローク、正しい軌道は？

〈プロの実践〉

パッティングにおけるストロークの軌道については、さまざまな説がある。

もっともオーソドックスなものは、「真っ直ぐ引いて、真っ直ぐ出す」。いわゆる「ストレート　トゥ　ストレート」だ。

しかし、これをやろうとすると、バックストロークで右脇、フォローで左脇が開きやすくなったり、必要以上に両肩が上下したりするなど、人間の体の自然な動きとしては無理がある――というわけで、「イン　トゥ　イン」が正しいという説もある。

たしかに、パターヘッドの軌道を一切意識しないでストロークすれば、その軌道は結果的に「イン　トゥ　イン」になる。パッティングもショットと同じように、背骨を軸とした回転運動だとすれば、パターのヘッドは円を描く、つまり「イン　トゥ　イン」になるのが自然だ。

理屈はともかく、「イン　トゥ　イン」では、「ヘッドの軌道を一切意識しない」というところがポイントになる。パッティングのとき「真っ直ぐ引いて、真っ直ぐ出す」などと意識すると、かえってストロークの軌道が不安定になるというのが、この説を支持するゴルファーの言い分。「イン　トゥ　イン」でも、要はインパクトのときにフェイスがスクエアに戻っていればいいというわけである。

では、「パット・イズ・マネー」といわれる過酷な世界に生きるプロゴルファーは、どんな軌道でストロークしているのか？

日本のプロゴルファー男女50人の軌道を調べたところ、つぎのような意外な結果が出ている（週刊ゴルフダイジェスト09／1／20号）

- イン　トゥ　ストレート……66％
- ストレート　トゥ　ストレート……20％
- イン　トゥ　イン……10％
- その他……4％

圧倒的に多かったのが、「ストレート　トゥ　ストレート」でも「イン　トゥ　イン」でもなく、「イン　トゥ　ストレート」だったのはどうしてなのか？

まず、バックストロークをインに引く理由だが、それはやはり、その動きが自然だからだろう。真っ直ぐ引こうとする、ましてやアウトに引こうとすれば、不自然さが伴うぶんだけ、ストロークがぎくしゃくし、インパクトでフェイスがスクエア

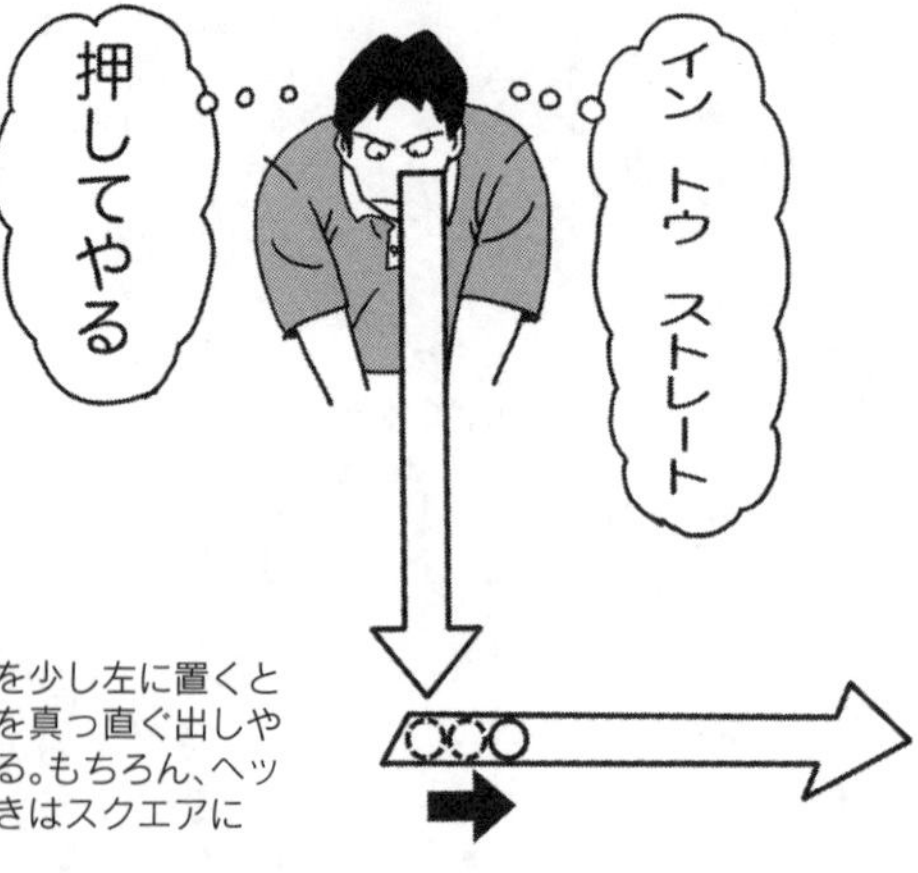

ボールを少し左に置くとヘッドを真っ直ぐ出しやすくなる。もちろん、ヘッドの向きはスクエアに

に戻ってくる確率が減るというわけだ。

インに引いたヘッドをインパクトからフォローにかけてストレートに出すのは、インパクトでスクエアに戻ったヘッドでボールを少しでも長く真っ直ぐ押し出してやるという意識の表れだろう。

インパクトの瞬間は一瞬でも、意識としては「ボールを真っ直ぐ押してやる時間が長ければ、方向性がよくなる」というわけで、これはふつうのショットでいうところの「長いインパクトゾーン」と同じイメージだとみていい。

そのためには、ボールの位置も重要で、この軌道でストロークしているプロの多くは、ボールを左目の下か、さらに1〜2個分左に置いているという。

実際にやってみればおわかりのように、ボールを左寄りに置くと、インパクトのあと、ヘッドを真っ直ぐに出しやすいのだ。

いずれにせよ、パッティングで大切なのは、インパクトの瞬間にヘッドの向きがスクエアになっていること。そのためのストロークの軌道には〝絶対〟というものはない。ゴルファーの体格、重心位置、クセなどによって、みな違うのだ。

自分にはどんな軌道がベストなのか。ボールの位置や左右の足への体重配分、さらには頭の位置などを変えながら、あなたにとって、もっとも自然で、なおかつ再現性の高いストロークの軌道をみつけてほしい。

「惜しいパット」がじつは惜しくない理由

〈ミスパットの真因〉

ストロークも完璧、ボールもしっかりパターの芯でとらえた。それでも、カップインするとはかぎらないのがパットだ。

この場合、カップインしなかったのは、距離感が合っていないか、ラインが違うか、あるいはその両方のいずれか。ゴルファー自身が、その理由をわかっていないかぎり、パッティングが上達しないことはいうまでもないが、実際にはミスパットしても、その本当の理由がわかっていなかったり、それどころかミスをミスだと思っていないゴルファーがじつに多いのである。

たとえば、左右どちらかに曲がるラインで、ラインに乗ったかに見えたボールが、カップ直前で止まってしまったような場合。まわりの仲間は「惜《お》しかった。ラインに乗っていたよ。もう少し強ければ、完全に入っていたね」などと慰《なぐさ》めてくれる。

つまり、ラインの読みは完璧、タッチさえ合っていればカップインした〝惜しいパット〟というわけだが、じつはこのパット、それほど惜しくはないのだ。

なぜなら、狙った方向が同じでも、タッチの強さが違えば、ボールは違う軌跡《きせき》を描くからである。

仮にボールとカップとの間が一様の傾斜（カップの右側が高い）になっているグリーンがあるとして、同じ地点から、2回パッティングできるとする。そして、1回目は、左ページのイラストのようにカップの手前（A地点）で止まったとしよう。いかにもラインに乗っており、もう少し強く打っていれば入りそうではある。

そこで、2回目は、狙いどころは同じにして、少しだけ強めに打つとどうなるか？　この場合のボールの軌跡は、イラストの破線《はせん》のようになる。強く打たれた分だけ、曲がりの頂点がカップ寄りになるが、それでも、カップの奥のやはり右側（B

【じつはラインに乗っていない】

B
A
狙う方向が同じでも、タッチ
の強さが違えば、ボールの
軌跡は当然、違ってくる。
それを理解しないと、
いつまでも〝惜しいパット〞に
惜しかった?

地点）で止まってしまうのだ。

つまり、最初のパットはタッチが弱かったというだけでなく、ラインも違っていたということ。カップインするためには、もう少しタッチを強くして、薄めに狙うべきだったのだ。

ミスパットした真の原因がわかれば、それはつぎからのパッティングの反省材料になる。そして、こうした〝正しい反省材料〟が増えれば増えるほど、そのゴルファーのパッティングは上達していく。〝間違った反省材料〟では、いつまでたってもパッティングは上手くならないのだ。

ミスパットが生まれる4つの原因とは

〈あなたはどれ？〉

ここでミスパットの原因について整理しておこう。それには、パットされたボールがカップインするためには、なにが必要かを考えてみればいい。

グリーン上の自分のボールをマークして、カップを見る。このときゴルファーが最初に感じるのが、カップまでの距離だろう。カップまでは何メートル（何歩）あるのか。カップまでは上《のぼ》っているのか、下《くだ》っているのか。それらを感じるなり、歩測するなりして、さらにその日のグリーンの速さも加味して、ゴルファーはタッチをイメージする。

つぎは、ラインの読みである。ストレートなのか、左右どちらかに曲がるのか。あるいはスネイクラインなのか。曲がるとすれば、そのブレイクポイントはどこにあるのか、などをチェックする。そして、やはりその日のグリーンの速さも加味しながら、最終的に狙うべきポイント（仮想カップ）を決め、さらにその仮想カップに打ち出すための目標（スパット）を決める。

通常、ゴルファーは、アドレスに入るまでにこれだけのことを実行しているわけだが、その作業はすべて脳のなかで行なわれることに留意してほしい。

使われるのは主に視覚だが、脳のなか（記憶の貯蔵庫である海馬《かいば》）には、これまでのパッティングについての膨大《ぼうだい》な情報が詰め込まれている。ゴルファーはそこから必要な情報を引っ張り出してきて、これからのパッティングに役立てようとする。

こうして脳のなかでラインとタッチが決まってから、アドレスに入るわけだ。

ここから先は、技術の問題になる。

つまり、狙ったところに（方向）に、イメージしたとおりの距離感で打てるかどうかが問題になる。そして、そのとおりにストロークできたとき、そのパッティングは少なくとも技術的には完璧ということになる。そして、めでたくカップインすれば、脳内での作業、つまり距離感とラインの読みも完璧だったということになる。

というわけで、パットを成功させるためには、

1・距離感の読み
2・ラインの読み
3・狙った方向に打ち出す技術
4・イメージしたタッチを再現できる技術

の4つの項目が正しく行なわれなければならないことがおわかりだろう。

逆にいえば、この4つの項目のうち、ひとつでもミスがあると、そのパットは入らないということである。

パッテンィグが上達するためには、ミスパットの真の原因を明らかにしなければならないといったが、その原因はいま紹介した4つのなかにかならずあるし、それが複数という場合もある。

パットが入らなかったときは、かならずその原因を明らかにしておくことを習慣づけたほうがいい。

さらに、パットが苦手な人は、4つの要素のうち、とくに自分に欠けているもの

【パットを成功させる4つの要素】

ミスパットしたときは、
その原因は、このなかの
どれか、あるいは複数に
あることを理解しよう

がなんなのかを探ってみてほしい。

それに気づけば、対策の立てようもある。なんであれ、失敗をくり返さないためには〝失敗の本質〟を知ることがもっとも大切なのだから。

しっかり打つか、ジャストタッチか?
〈大きく膨らますラインの打ち方〉


左右に曲がるパッティングのラインでは、カップインするラインは2種類あるとよくいわれる。一つは薄めにラインを読んでしっかり打った場合。もう一つは、厚めにラインを読んでジャストタッチで打った場合だ。

では、どちらのパッティングのほうがスコアがまとまるだろうか?

答えを先にいうと、これは傾斜の具合による。

傾斜がゆるく、曲がってもカップ半個分程度のラインでは、ラインを薄めに読んでしっかり打ったほうがカップインの可能性が高い。アマチュアには、微妙に曲がるラインを過大に読んで左右に外してしまうケースが多いが、こうしたパットでは〝微妙な曲がり具合〟を消してしまうくらいのつもりでしっかり打ったほうがいい。

とはいっても、2メートルもオーバーさせてしまうのは禁物。オーバーは1メートルまでだ。ラインがわかっている返しの1メートルなら、まずカップインするはずである。

問題は、距離が1ピン以上あり、ひと目で「大きく膨《ふく》らませないと入らない」とわかるような傾斜からのパッティングである。

こうしたラインでも、薄めに読み、しっかり打つことでカップインするラインは存在する。しかし、このラインを狙うのはひじょうにリスキーであることを知っておいたほうがいい。

この場合の「しっかり打つ」は、「上りの真っ直ぐをしっかり打つ」という場合の〝しっかり〟とは勇気の要《い》りようが違う。

上りでは、タッチが少々強すぎても、カップの奥の壁に当たってカップインしてくれるから、その〝しっかり〟具合には、かなりの幅がある。しかし、大きく膨らませないと入らないラインでは、しっかり打ちすぎるとカップの上を通りすぎて大オーバー。かといって、少しでも弱いとカップの手前で大きく切れてしまう。この場合の〝しっかり〟には幅がなく、3パットの危険がいっぱいなのだ。

大きく膨らまさなければならないラインでは、外れてもOKにつく程度の強さ、つまりジャストタッチで打つのが正解だ。

【大きく膨らますラインでは…】

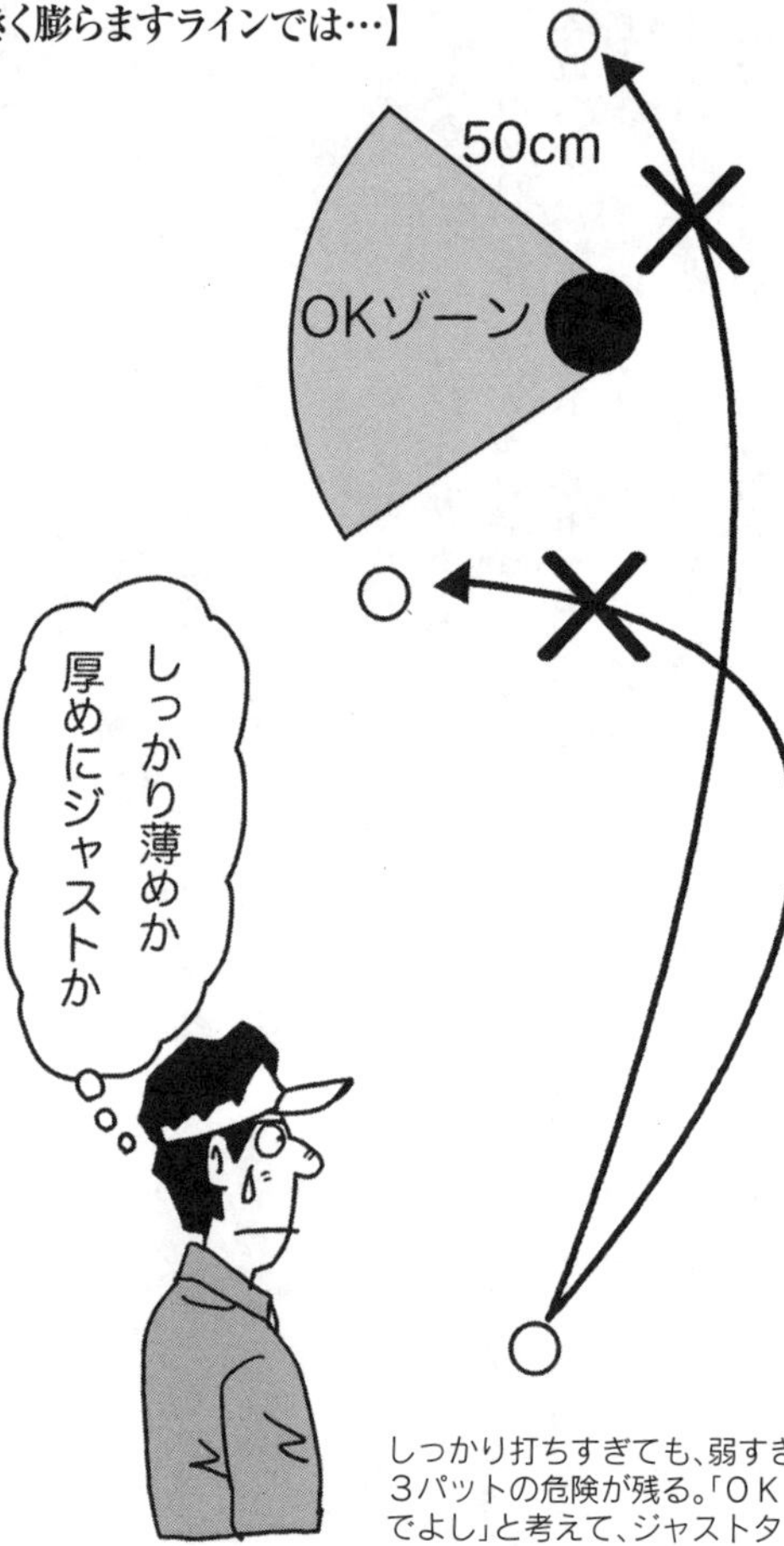

しっかり打ちすぎても、弱すぎても、3パットの危険が残る。「OKゾーンでよし」と考えて、ジャストタッチで

こうしたラインでは、ジャストタッチでストロークしても、カップインするラインは一つしかない。プロでも1パットで入れるのは難しいのだ。アマチュアなら、できるだけ2パット目が上りになるようなラインを選び、2パットで十分と考えたほうがいい。

同じラインから打ったパットを参考にする方法

〈ライン読みの法則〉

パッティングでは、同伴プレーヤーのパットが参考になることが少なくない。とくに、同じライン上にボールがあって、同伴プレーヤーのほうが先に打つという場合、相手はあなたにラインを教えてくれる水先《みずさき》案内人になってくれる。

スライスかフックか迷っているときなど、大いに参考になるわけだが、ここでは相手のパットをもっと活用するための方法を紹介しよう。

たとえば、同伴プレーヤーのAさんとあなたのボールは、次ページのイラストのように同じライン上にあり、Aさんは先にカップインしたとする（Aさんのボールからカップまでの傾斜は一様だとする）。

この場合、ふつうのゴルファーなら、こう考えるはずだ。

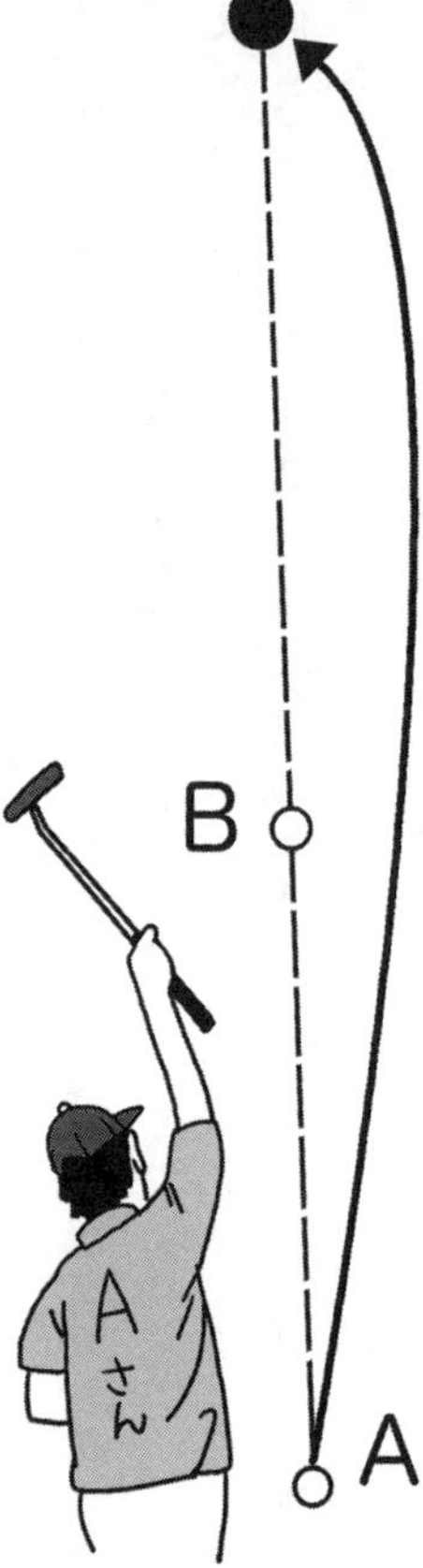

「Aさんは20センチほど右に膨らませてカップインさせた。ということは、自分のボールはAさんよりカップに近いのだから、同じフックラインでもAさんほど膨らませる必要はない」

正解である。

では、具体的にどの程度膨らませればいいのか？　15センチ？　10センチ？　それとも5センチ？

おそらく、そのあたりは自分の勘《かん》を頼りにラインを決めている人がほとんどのはずだが、じつはここに明確な法則があるのだ。

【同じラインにある場合の法則】

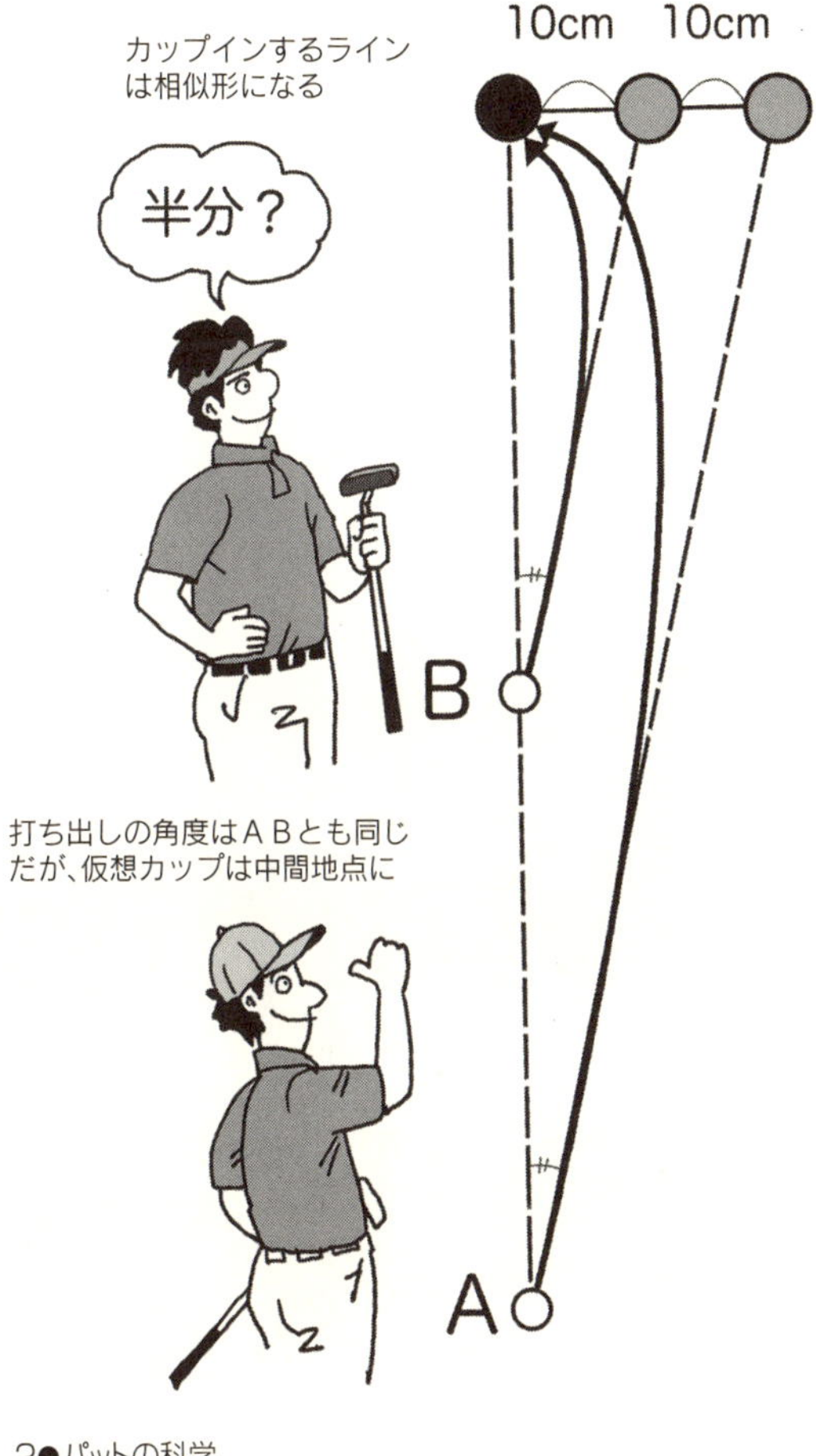
10cm　10cm
カップインするライン
は相似形になる
半分？
B
打ち出しの角度はＡＢとも同じ
だが、仮想カップは中間地点に
A

それは、傾斜が一様なグリーンで、二つのボールが同一ライン上にある場合、二つのボールがカップインするラインは相似形になるという法則。

この場合でいうと、Aさんのボールが右20度の角度で打ち出されたとすると、あなたも右20度の角度で打ち出せばいいというわけである。

さらに、前ページのイラストのように、もしAさんが設定した仮想カップの場所がわかっていれば、あなたが狙うべきポイントも自動的に導きだされる。

仮にあなたのボールが、Aさんのボールがあったところとカップを結んだ線のちょうど中間にあったとすれば、イラストのように、あなたが狙うべき仮想カップは、Aさんが設定した仮想カップと実際のカップのやはりちょうど中間になる（この場合、膨らませ具合は20センチの半分の10センチになる）。

もちろん、これはAさんもあなたもジャストタッチで打つというのが大前提になるが、この法則を知っていれば、これまでなんとなく参考にしていた同伴プレーヤーのパットが、もっと大きなヒントになることがおわかりだろう。

さらに、この法則を知っていれば、自分一人でもラインをより正確に読むことができる。

たとえば、あなたのボールがAさんの位置にあったとしたら、カップとボールの中間地点にいき、そこからならどんなラインになるか考えてみるのだ。もし、中間地点からならカップ1個分フックすると判断すれば、自分のボールからはカップ2個分フックするということになる。

こうして、中間地点からみた仮想ラインと実際のボールからのラインに矛盾がなければ、そのラインはかなりの確率で正しいラインだといっていいだろう。

「カップ近くの傾斜は念入りに読む」は本当か

〈ライン読みのワナ〉

パットのラインを読むとき、よく「カップ近くの傾斜を念入りに読め」といわれる。

それは、打たれてからしばらくは、ボールに勢いがあるから傾斜の影響は受けにくい。しかし、カップに近づくにつれてボールに勢いがなくなると傾斜の影響を受けやすくなるといわれているからだが、さて、これは本当だろうか。

次ページのイラストのような二つのラインがあるとする。距離はともにカップまで6メートル。Aは中間地点までがストレート、そこを過ぎると右からの傾斜がかかってきて左に切れる。Bは中間地点まで右からの傾斜（Aラインの後半とまったく

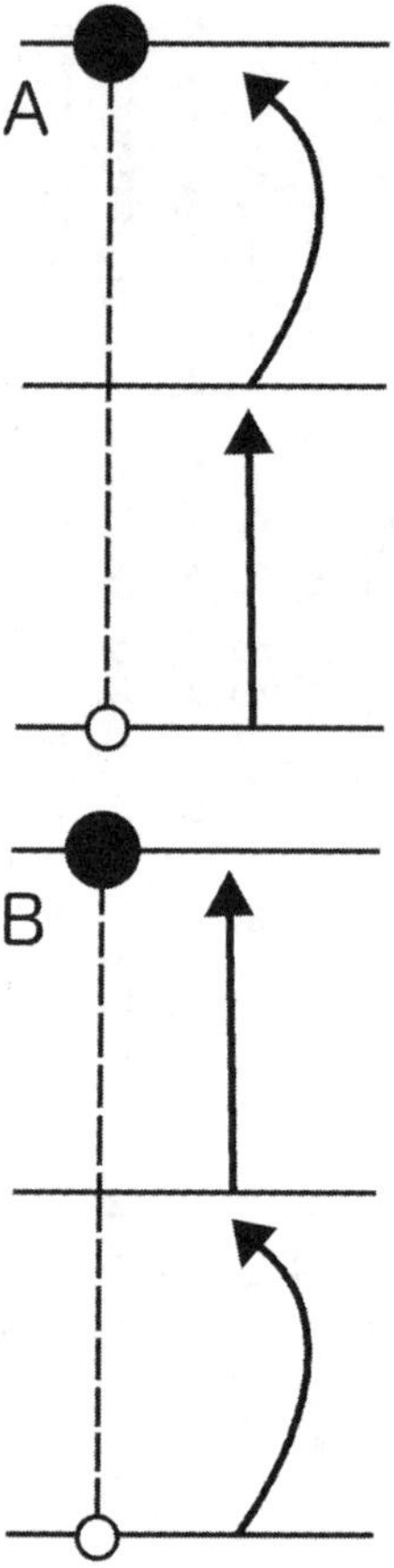

同じ傾斜）があり、そこを過ぎるとストレートだ。

さて、どちらもジャストタッチでストロークするとして、あなたは、この二つのラインをどう読むだろうか？

先の〝法則〟からいうと、Aのラインは、後半に大きく左に切れるから、かなり右に打ち出す。Bのラインは、前半は傾斜があるもののボールに勢いがあるからそれほど切れず、後半はストレートだからAほどはフックをみない、ということになりそうだ。

しかし、答えを先にいうと、この場合は次ページのイラストのようにAもBも狙うべき仮想カップは同じになる。

仮にAのラインの仮想カップをカップ4個分右に読んだとすると、Bもそれでいい。カップインするまでのボールの軌跡は違うけれど（Aのほうが最後に急激に左に曲がるため、膨らましているようにみえる）、打ち出す方向やタッチはどちらも同じなのだ。

これは、AもBも傾斜の具合が同じで、なおかつ傾斜している区間の長さが同じだから。傾斜がラインのどこにあるかということは考えなくてもいいのである。

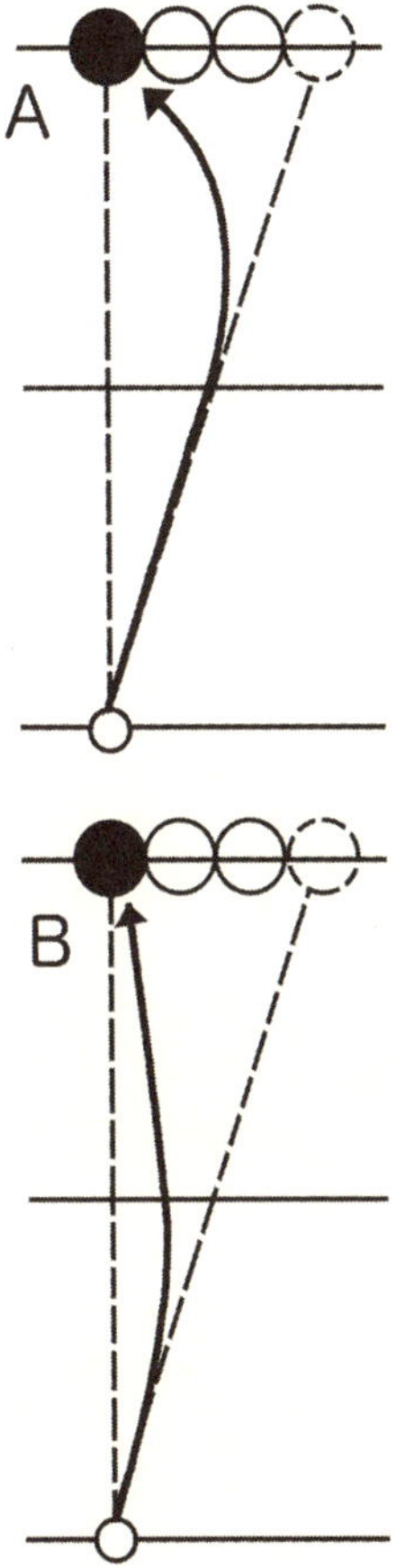

スネイクラインはどこをどう狙うか ――〈複雑なラインの法則〉

前項で紹介した法則は、フックラインとスライスラインが混交する「スネイクライン」にも応用できる。

たとえば、左のイラストのようにラインの前半がフック、後半がスライスというラインがあるとする。「カップに近い傾斜ほどラインに影響を与える」と考えると、後半のスライスを多めに読むという人が多そうだが、その必要はない。

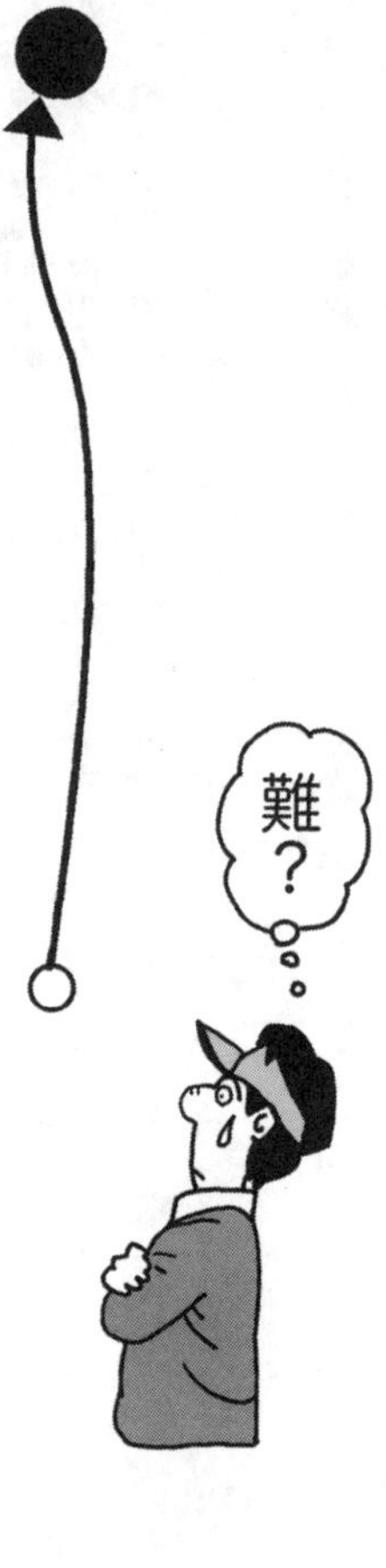

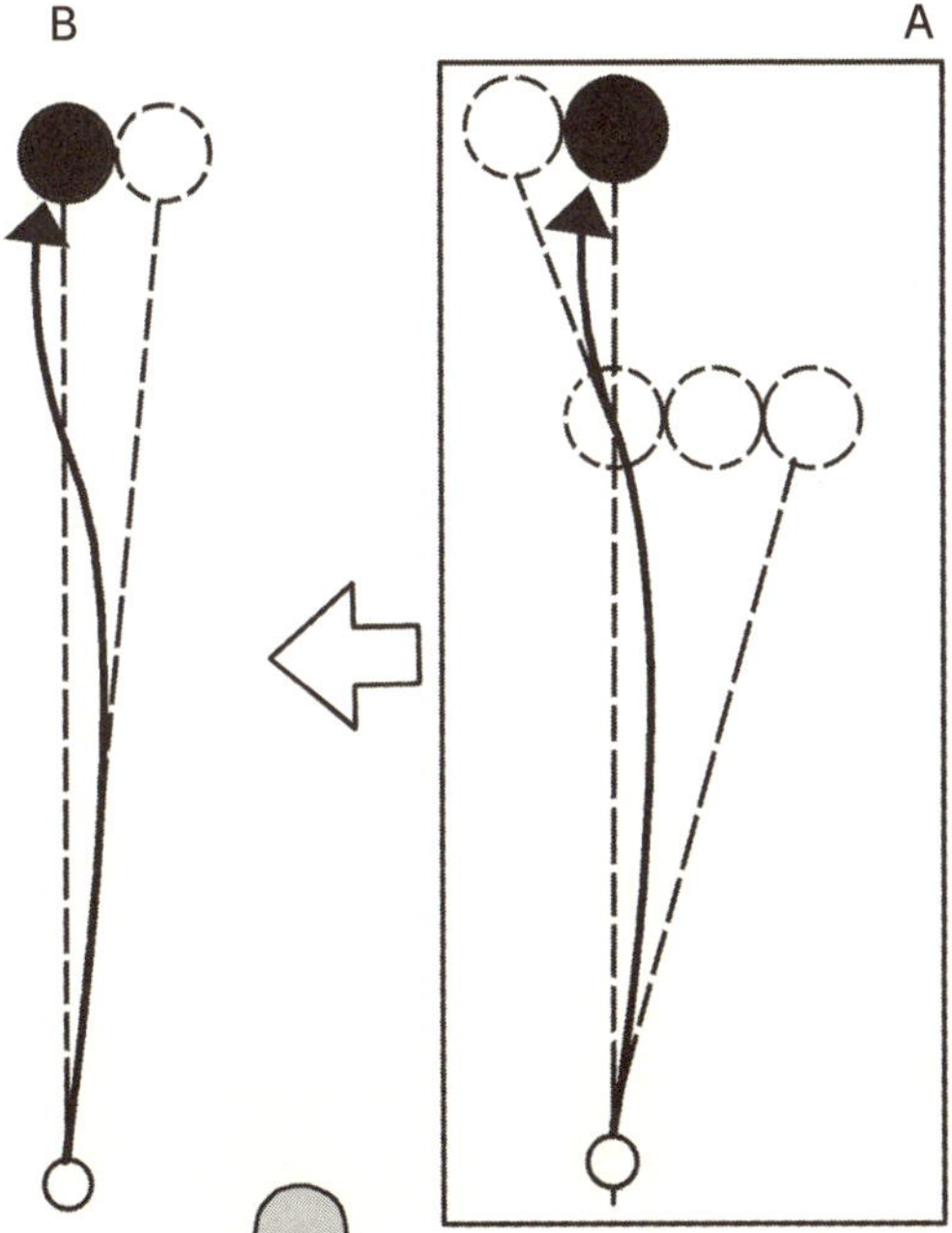

前半は2カップ・フック、
後半は1カップ・スライス。
これを足し算した、
1カップ・フックが
最終的な曲がり幅となる。
その曲がり幅を
仮想カップとして
真っ直ぐ打ち出す
〈イラストB〉

こうしたラインでは、前ページのイラストAのように、まずカップまでのラインを、フックする区間とスライスする区間に分ける。

そして、フックする区間では、あたかもその区間の左端にカップがあると想定して、曲がり幅を読む。

そして、スライスする区間も同様にして曲がり幅を読み、あとは二つの曲がり幅を単純に足し算すればいい。

この場合なら、前半が2カップ・フック。後半が1カップ・スライスだから、足し算をすれば、1カップ・フックということになる。

こうして最終的な曲がり幅が決まれば、自動的に仮想カップが設定できる（前ページのイラストB）。あとは、その仮想カップとボールを直線で結び、そこに向かって「真っ直ぐ」打ち出すだけ。実際のスネイクラインのことは一切、頭から消して、ストレートだと思ってストロークするのがコツだ。

「右に切れるか、左に切れるか」を知る方法

〈よくわかる簡単法則〉

パッティングの練習方法に、練習グリーンのカップの周囲に円を描くようにボー

ルを並べ、順番に入れていくというものがある。

この場合、グリーンは適度な傾斜があったほうがいい。まったくの水平なグリーンでは、次ページのイラストAのようにボールがどこにあってもそのラインはボールとカップを結んだ直線になるが、イラストBのように傾斜があれば、フックラインからスライスライン、さらには上り、下りのラインまで、同じ距離ではあっても、さまざまなラインを練習することができるからだ。

おそらく読者のなかにも、こういう練習をやったことのある人がいるはずだが、傾斜が一様なグリーンでは、カップインするラインがイラストBのようになり、さらに傾斜が強くなるとイラストCのようになることがおわかりのはずだ。

このことは、ゴルフをやらない人でも、傾斜を転がるボールをイメージすればすぐに了解されるはずである。

さて、問題は、この傾斜によるカップインのラインを、実際のパッティングに役立てている人がひじょうに少ないことにある。

イラストのBとCを、あらためてみてみると、カップまでのラインがストレートなラインが1本だけあることに気がつくはずだ。

これは、スキーでいうところの最大斜度のラインで、ここを直滑降《ちょっかっこう》で滑り降りる

【ラインがスライスかフックかを読む法則】

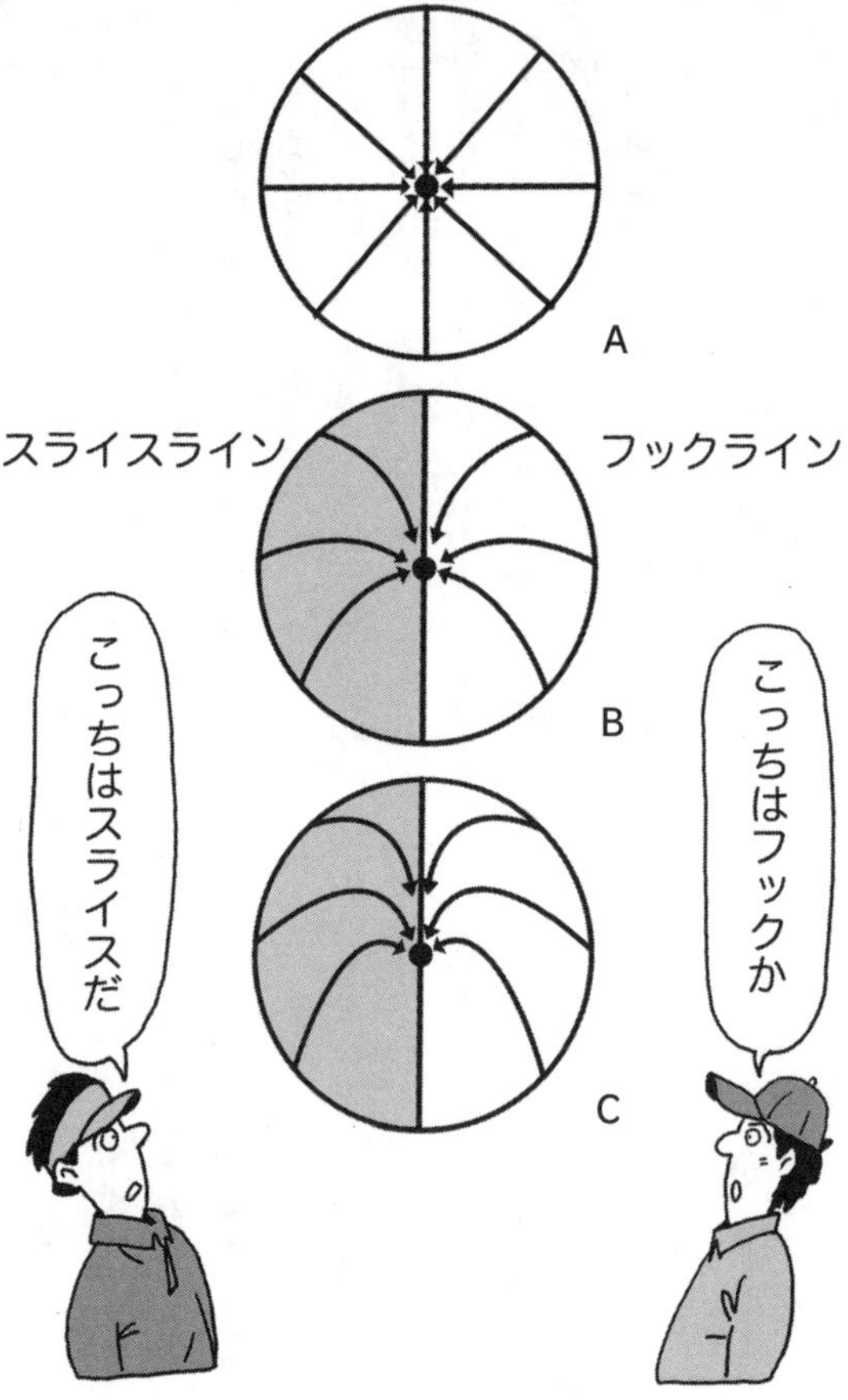

のが、このストレートのラインということになる。

そこで、つぎに注目してほしいのは、このストレートなラインをカップの下からみた場合、右側にあるボールはすべて左に切れ、左側にあるボールはすべて右に切れるということ。

これは、上り下りには関係がなく、ボールがストレートなラインの右にあるか、左にあるかだけで決まるのだ。

ということは、実際のパッティングでは、ストレートなラインさえわかれば、自分のボールがどちらに曲がるかがわかるということである。

そして、自分のボールがストレートなラインに近ければ近いほど曲がり方が少ないということもわかる。

この〝法則〟をラインを読むときに役立てない手はない。

実際のパッティングでは、左右どちらに切れるのかわかりにくい微妙なラインがある。

そんなときは、「真っ直ぐに転がるライン」をみつけ、自分のボールがそのラインの左右どちらにあるかをチェックしてみればいい。傾斜の下からみて、ボールがそのラインより右にあればフック、左にあればスライスというわけだ。

「外すならプロサイド」と言われる理由

〈3パットしない秘密〉

パッティングの〝外し方〟には、「プロサイド」と「アマチュアサイド」があるとよくいう。「プロサイドに外す」とは、たとえばスライスラインの場合、左のイラストのようにカップの上を通りすぎること。「アマチュアサイドに外す」とは、カップの手前で右に切れてしまうことをいう。

プロサイドに外すのは、しっかり打ったがゆえに、思ったほど曲がらず、カップの

上を通りすぎてしまったということ。アマサイドに外すのは、ラインの正否を云々する以前に、タッチが弱くて、カップの手前で切れてしまった場合だ。

なぜ、前者をプロサイドというのかといえば、二つの理由が考えられる。

一つは、カップをオーバーするくらい強めにヒットしているということ。「never up never in」という格言があるように、「届かないパットは入らない」。「putt is money」といわれるプロの世界にあって、ショートばかりしているプロは、それこそ飯が食えない。だから、プロサイドなのだ。

もう一つは、プロサイドに外れたパットは、返しのパットが簡単、ということがある。前項のカップインするラインについての話を思い出してほしい。

スライスラインをプロサイドに外すと、ボールは、次ページのイラストAのように真っ直ぐに転がるラインを通りすぎてカップの向こう側に止まる。ということは、ボールは真っ直ぐに転がるラインの右側にあるから、返しのパットはかならずフックラインになる。

いっぽう、アマチュアサイドに外した場合、ボールは次ページのイラストBのように、真っ直ぐに転がるラインの手前で止まる場合もあれば、そのラインを通り過ぎてから止まる場合もある。

【プロサイドとアマチュアサイドの比較】

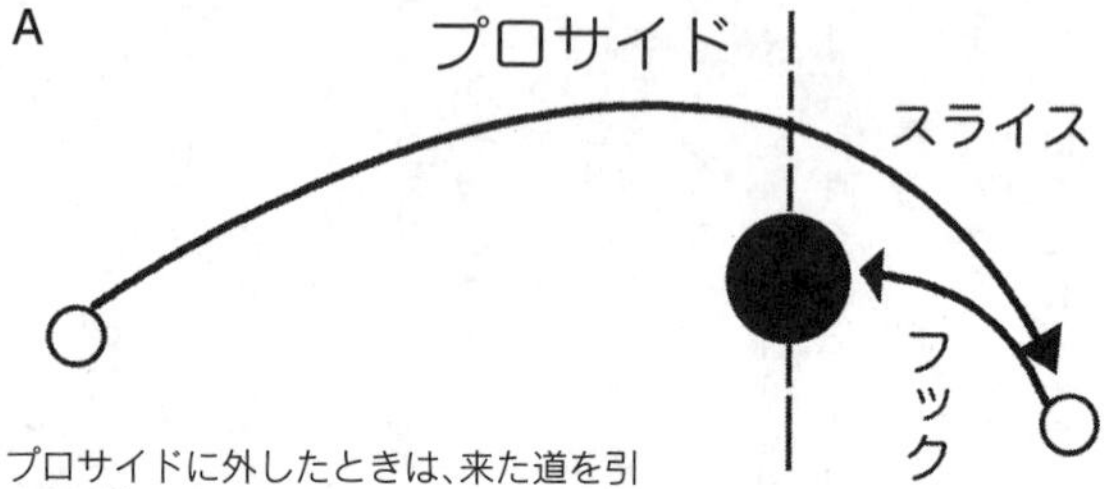

プロサイドに外したときは、来た道を引き返すだけだから、返しのパットは簡単

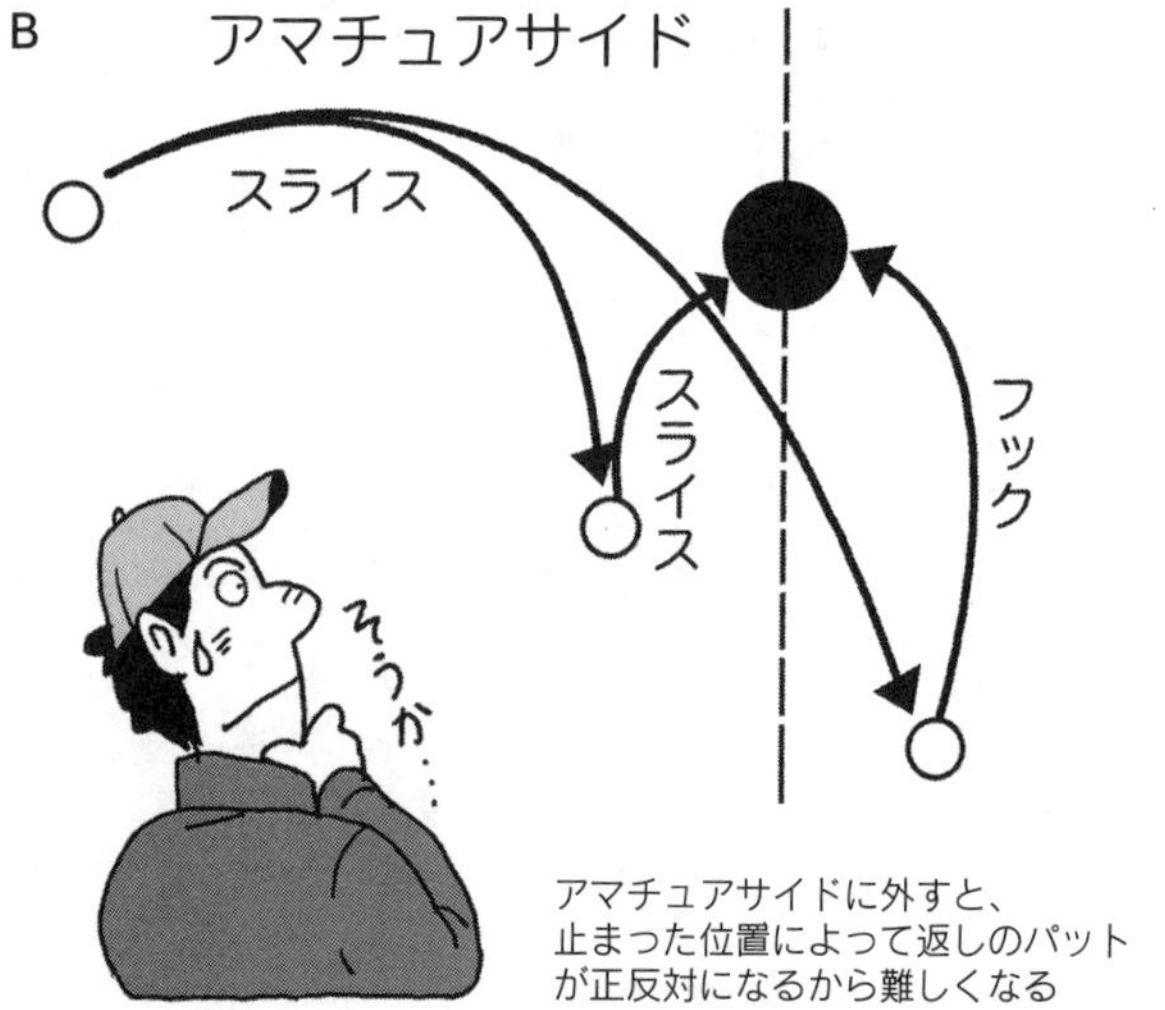

アマチュアサイドに外すと、止まった位置によって返しのパットが正反対になるから難しくなる

前者であれば、ボールはまだ真っ直ぐに転がるラインの左にあるから、返しもスライスラインになる。

しかし、後者の場合、ボールは真っ直ぐに転がるラインの右側にあるから、返しはフックラインになる。

つまり、アマチュアサイドの場合、ファーストパットがどこに止まったかで、曲がり方が正反対になるわけで、それだけ返しのパットがむずかしくなるというわけだ。

プロゴルファーが返しのパットをいとも簡単に入れてしまうのは、彼らがプロサイドに外しているから。今きた道を引き返すだけだから、あらためてラインを読むまでもないのだ。

「真っ直ぐ50センチ」打てさえすればいい

〈ストロークの真髄〉

ラインの読み方についていろいろ説明してきたが、ここでもう一度、話をパッティングのストロークに戻そう。

前にストロークの方法については人それぞれだといったが、ストロークの目的は

じつはひとつしかない。距離感を別にすれば、それは「狙ったところに真っ直ぐボールを打ち出す」ということ、それだけなのだ。

考えてみれば、パターというクラブは、ほかのクラブのようにスライスやフック、高いボール、低いボールなどを打ち分けることができない。いや、その必要がない。

パッティングでは、つねに狙った方向に「真っ直ぐ」打ち出すことができればそれでいい。たとえば左に切れるラインでも、仮想カップがカップの右側にくるだけで、狙いはその仮想カップに対して「真っ直ぐ」だ。

ここまで、いくつかのラインの読み方

について解説してきたが、いずれも最終的には、どこに仮想カップを想定するかという話で、実際にストロークするときは、その仮想カップに対して「真っ直ぐ」打つよう説明してきた。どんなストロークでも、「狙ったところに真っ直ぐ打ち出す」ことさえできれば、それでOKなのだ。

真っ直ぐ打つ距離にしても、最初のうちは50センチが真っ直ぐ打てるよう練習すればいい。50センチという距離は、パッティングでアドレスに入ったとき、視野の左端にカップがぼんやりとみえている状態と同じだ。よほどのことがないかぎり外さないはずだが、これが3メートルでも10メートルのパットでも、その50センチさえ真っ直ぐ打てて、タッチさえ合っていれば、カップインするのだと考えよう。

プロのなかには、ラインの目印（スパット）をボールから50センチくらい先のライン上に設定し、そこを通過させることだけを考えてストロークする人もいる。あとはタッチの問題だけなのだ。

目の位置が悪いとパットが入らない理由

〈視線と球筋の関係〉

パットが狙ったところに「真っ直ぐ」打てない――。ゴルファーにとっては致命傷になりかねない欠点だが、その原因は打ち方ではなく、「目の位置」にある場合が少なくない。

パッティングの構えでは、想定したラインの真上に両目がくるというのが基本だ。ところが、左のイラストAのように、両目がラインの内側にあるとどうなるか？

この場合は、カップはラインの右にあるように見えるため、ゴルファーは無意識のうちに体の向きとパターのフェイスを右に向けてしまう。そして、「右に押し出しちゃったよ」と嘆くことになるのだが、体もパターのフェイスも右を向いていたのだから、押し出したのではない。右に向いて、真っ直ぐ打っただけなのだ。

反対に、イラストBのように、両目がラインの外側にあると、今度はカップがラインの左にあるように見えるため、ゴルファーは無意識のうちに体の向きとパターのフェイスを左に向けてしまう。

これも「あ、いけない、ヒッカケちゃった」となるわけだが、実際は左を向いて真っ直ぐ打っただけだということがおわかりだろう。

そう、どちらも打ち方が悪かったのではなく、目の位置と、それによって決まる体とフェイスの向きが悪かったのだ。

ゴルフが的を狙うターゲット・スポーツである以上、目はひじょうに大きな役割

【真っ直ぐ打てない原因は目の位置にあるかも…】

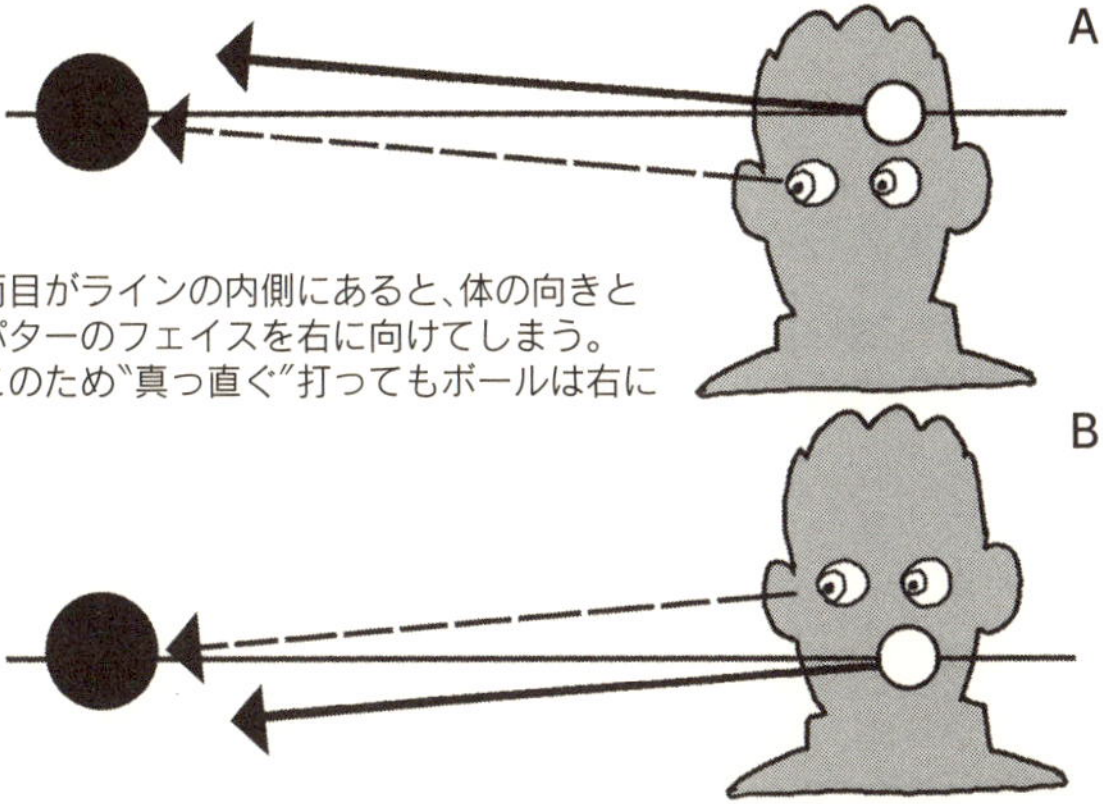

両目がラインの内側にあると、体の向きとパターのフェイスを右に向けてしまう。このため〝真っ直ぐ〟打ってもボールは右に

両目がラインの外側にあると、体の向きとパターのフェイスを左に向けてしまう。このため〝真っ直ぐ〟打ってもボールは左に

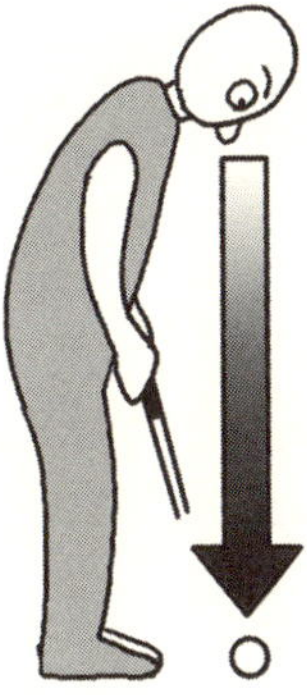

想定したラインの真上に両目を置くのが〝絶対原則〟

を担っている。まして微妙なラインを読まなければならないパッティングでは、目からの情報が欠かせない。そして、さらにいえば目からの情報はストロークという体の動きまで支配しているのだ。

パッティングの正否は、「どこを見るか」「どう見るか」によって決まるところが大きい。目を大切に！

「上り下りの距離感」をつかむ裏ワザ〈高低差の公式〉

プロのトーナメントはもちろん、最近はふつうのコースでも、「本日のグリーンの速さ」として「9フィート」などと表示するところが増えてきた。

この「9フィート」というのは、スティンプメーターという計器で測った数値。一般に、ごくふつうのコースで8〜9フィートくらい。9・5フィートになると、アマチュアには「ちょっと速い」と感じる人が増えてくる。

これがプロのトーナメントになると、11〜12フィートくらいのセッティングになる。さらに日本オープンレベルともなると13フィート、さらに〝ガラスのグリーン〟といわれるマスターズでは、15フィート近くになるという。

これは、下り斜面では、触っただけで20ヤード先のグリーンの外に出てしまうこともある速さで、まあアマチュアには手に負えない超高速グリーン。私たちがこんなグリーンでラウンドしたら、3パットや4パットが続出して、コースは大渋滞するはずである。

というわけで、われわれアマチュアは、8〜10フィートくらいの速さのグリーンでパッティングを楽しんでいるわけだが、ここではあらためて、グリーンの速さを示す「○フィート」という数値の持つ意味を考えてみたい。

その前に、スティンプメーターの仕組みと使い方を説明しておこう。

スティンプメーターとは、ゴルフボールを転がすための滑り台のようなもの。約90センチのV字形のレール状の棒で、グリーンに接地する端は、ボールが滑らかにグリーンを転がるよう斜めに削られている。もう一方の端から15センチほどのところにボールを止めておくノッチがある。

使い方は、スティンプメーターをグリーンの水平な部分に置き、ノッチのところにボールを置く。そしてボールがノッチから外れて自然に転がりだすまで端を持ち上げていく。

ボールが転がりだすのはだいたい26センチほどの高さまできたときで、そのときの角度は約20度。こうしてグリーンでボールが転がった距離を測り、つぎに向きを180度変えて同じように距離を測る。その平均がスティンプメーター値となる。

要するに、傾斜20度、長さ75センチの滑り台からボールを放し、グリーン上で転がった距離が、そのままグリーンの速さを表す数値になっているわけだが、ここで思い出してほしいのが、中学の物理の時間にならった「エネルギー保存の法則」である。

ボールが転がり始めるときの高さは、約26センチだ。ということは、ボールの持つエネルギーが、最初は26センチという高さの「位置エネルギー」だったのが、その高さから落下することで「転がるエネルギー」に変換されたということになる。

仮にスティンプメーター値が9フィート（2メートル74センチ）だとして、これまでの話を実際のパッティングに置き換えてみよう。

まず、26センチの高低差がある下りのラインでは、ボールに触れただけで最低でも「2メートル74センチ＋75センチ（スティンプメーターの滑り台の長さ）」転がる、ということである。ここで「最低でも」といったのは、ボールに触れたときに外部（パターヘッド）からエネルギーが加わっているからだ。

これを覚えやすいように法則化すると、大まかにいって、ゴルフボールは高低差

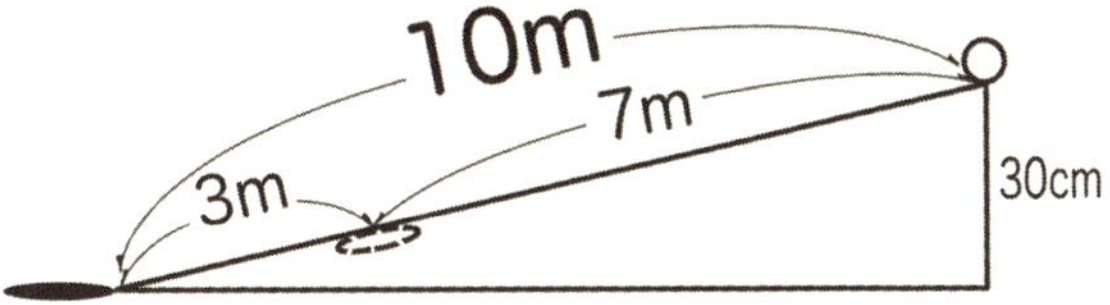

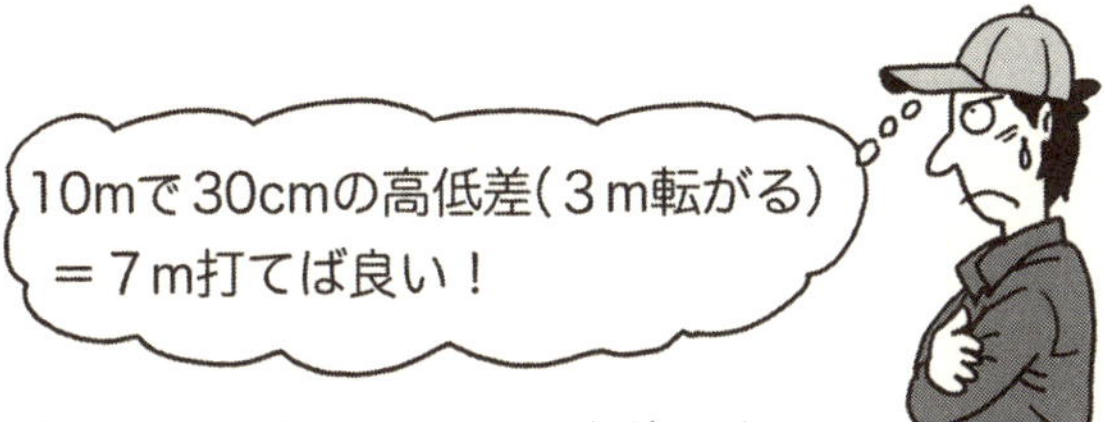

高低差10cmにつき、約1mよけいに転がる…とする

10センチにつき、ほぼ1メートルよけいに転がるということ。

たとえば、10メートルの下りのパットで、高低差が30センチあるとしたら、水平なグリーンの7メートルのタッチで打てばカップに届くというわけだ。

上りの場合は逆。上りでは10センチにつき1メートル転がるだけのエネルギーを失うという計算になる。つまり、先のラインを逆から打ってカップインさせるためには、水平なグリーンで13メートルのパットを打つつもりでストロークすればいいというわけである。

この法則は、均一な角度で傾斜しているグリーンだけでなく、二段グリーンでも、あるいは下って上ってまた下るというような複雑な傾斜のグリーンでもあてはまる。要は、ボールのあるところからカップまで、経路はどうあれ、高低差がどれだけあるかだけをみればいい。

ただし、ボールからカップまでの高低差は、いったんグリーンに上がってしまうとわかりにくい。ラインの傾斜はグリーンに上がるまでにざっと読んでおくことが大切といわれるのは、そのためだ。

距離を錯覚させる「視覚のワナ」とは ——〈意外なポイント〉

下りのパットはオーバーしやすく、上りのパットはショートしやすい——アマチュアにはたいてい、こんな傾向がある。いずれも傾斜を甘く見たための距離感のミスといえそうだが、じつは目の錯覚という場合もある。

次ページのイラストは、ゴルファーが、1・水平なグリーン、2・斜面の上、3・斜面の下からカップを見ている図である。いずれもゴルファーとカップまでの距離は同じなのだが、じつはここで錯覚が起きる。

破線の部分を見ればおわかりのように、斜面の上からは目とカップまでの距離がボールとカップまでの距離より長くなり、斜面の下からは目とカップまでの距離が

【斜面による目の錯覚】

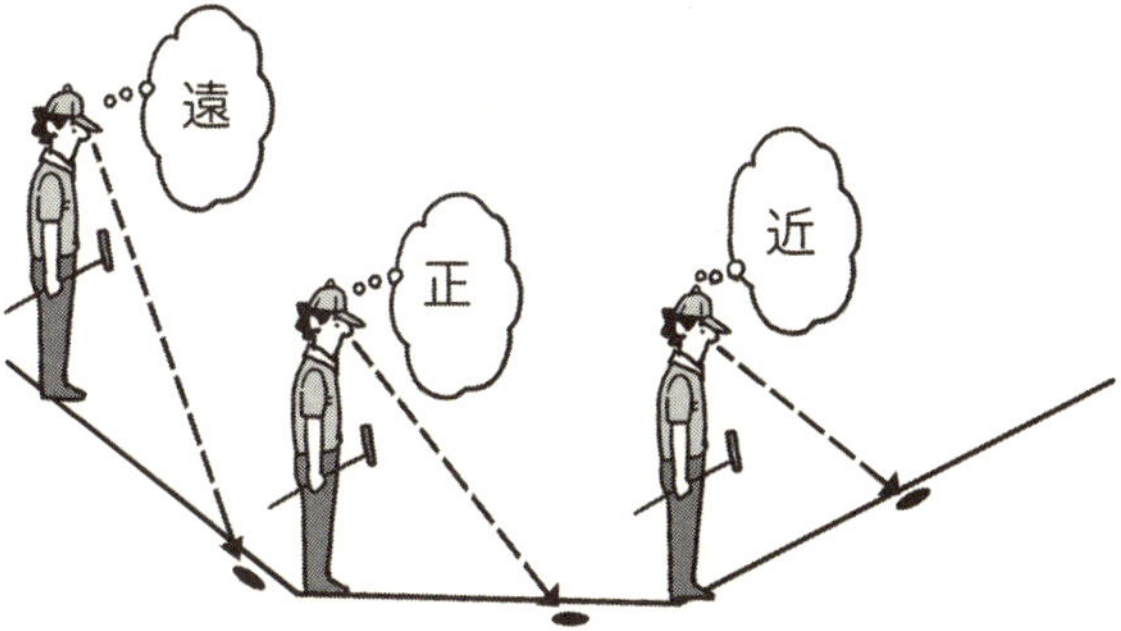

いずれもゴルファーからカップまでの距離は同じだが、斜面によって、違って見える

短くなる。そのため、下りのパットは距離を長く見すぎてオーバー、上りのパットは距離を短く見すぎてショートということになりがちなのだ。

こうした錯覚に陥《おちい》らないためには、カップまでの距離を歩測。それに、88ページで紹介した高低差の公式を利用して距離感を加味すればいい。

微妙なタッチを出す素振りのコツ
——〈素振りの場所〉

プロのトーナメントを観ていると、彼らがグリーン上でパターの素振りをするときには、ひとつの傾向があることに気づく。

パターでの素振りは、いうまでもなく

タッチを確認するための作業だが、プロのなかには、上りのラインでは、ボールの後ろ、下りのラインでは、ボールよりカップ寄り（ラインを踏まない場所）で素振《すぶ》りをするゴルファーが多いのである。

これは、タッチを出すための一つの方法。

たとえば、上りの5メートルのパットがあり、水平のグリーンなら6メートルのタッチが必要だと判断したとする。そんなとき、プロはカップの1メートル後ろ、つまり実際にカップまで6メートルの距離に立って、その距離を目で確認しながら素振りをする。

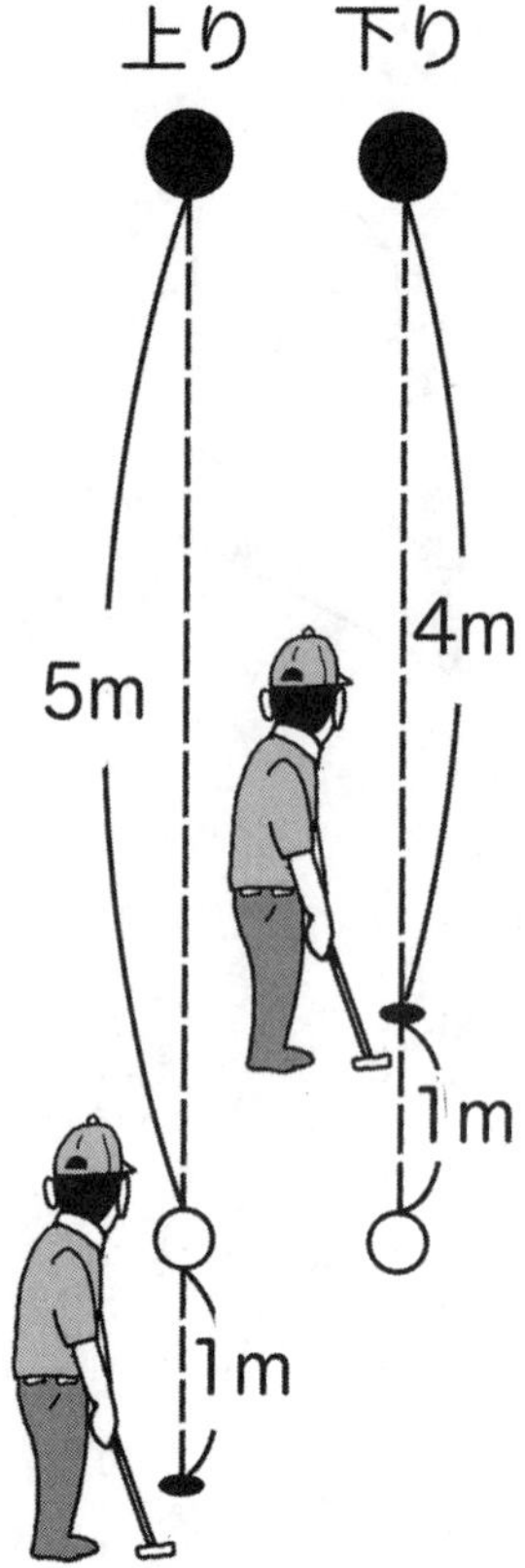

上りと下りでは、距離の増減が生じるが、その距離に合った位置で素振りすると、リアルなタッチが出せる

反対に、下りの5メートルだが4メートルのタッチでいいと判断すれば、1メートルカップに近づいて、実際に4メートルの距離をみながら素振りをしてタッチを出そうとしているわけだ。

傾斜によって自分の距離感を調整するのは簡単ではない。しかし、傾斜による距離の増減を加味して、水平なグリーンだと想定してしまえば、これまで培ってきた自分なりの距離感が生かせる。これも、ゴルフを簡単にするための知恵の一つといえる。

「2倍の距離は2倍振る」というウソ
〈振り子の物理学〉


ここまで、グリーンの速さに合わせた距離感のつかみ方や、傾斜がある場合の距離感のつかみ方についていろいろ述べてきたが、すでにおわかりのように、基本になるのは、水平で、速さもごくごくふつうのグリーンでの距離感である。

こういうと、「では、その基本になる距離感はどうすれば自分のものになるのか?」というゴルファーも大勢いるに違いない。

しかし、結論からいうと、距離感をつかむためには努力しかない。練習グリーンの水平な場所を選び、5メートルなら5メートルを何百回と打つ。そうやって体に5メートルの距離感をたたき込むしかないのだ（実際にはさまざまな練習方法があるが、そのやり方については、このシリーズの『パターが面白いようにはいる本』で紹介したので参考にしてほしい）。

これは、たとえば野球で「10メートル、ボールを投げるときの力加減は？」と問われても、誰も答えられないのと同じだ。

はじめてキャッチボールをする子どもは、最初のうちはボールが相手に届かなかったり、相手がジャンプしても取れないくらい遠くに投げてしまったりするが、何度もキャッチボールをくり返すうちに〝距離感〟が合ってくる。

パッティングもそれとまったく同じ。何度もパッティングをくり返すことで、自分なりの5メートルなら5メートルのタッチをつかむしかないのである。

ただ、こういってしまうと、「頭を使ったゴルフ」という本書の趣旨から外れてしまうので、ここでは5メートルのタッチをつかんだとして、では10メートルのタッチはどうなるか？　という問題について、物理学の教えるところを紹介しておくことにする。

たとえば、あなたがパットの距離感をパターヘッドの振り幅でコントロールして

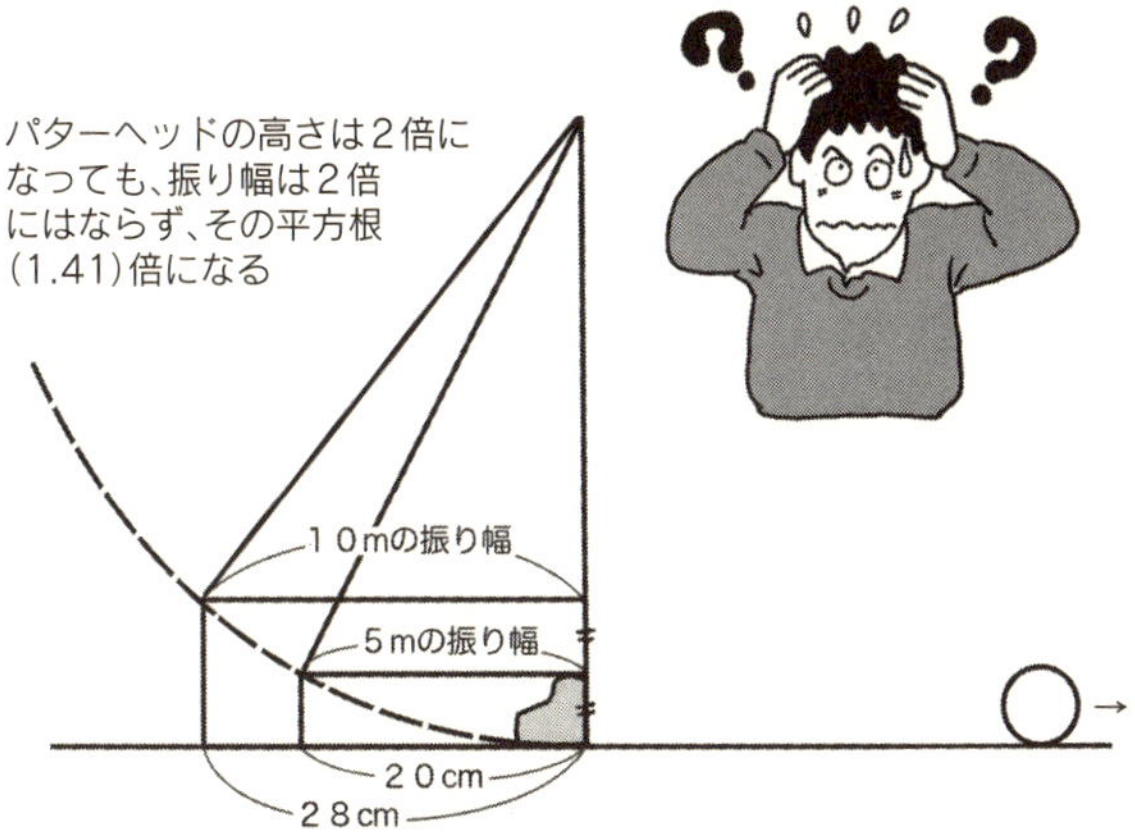
パターヘッドの高さは2倍になっても、振り幅は2倍にはならず、その平方根（1.41）倍になる
10mの振り幅
5mの振り幅
20cm
28cm

いるとする。ストロークのやり方は、オーソドックスな振り子式だ。

この場合、あなたはヘッドの振り幅で距離感を出していると思っているかもしれないが、振り子式のストロークの場合、物理学的には「ヘッドの振り幅」ではなく「ヘッドの高さ」によって距離感をコントロールしていることになる。

スティンプメーターの話（88ページ）でも述べたように、振り子式のストロークは、ヘッドをある高さからグリーン上のボールに向かって落下させることで、ヘッドの位置エネルギーをボールが転がるエネルギーに変えているわけだ。

ということは、5メートルの距離感が身についているゴルファーが10メートルのタッチを出すためには、パターヘッドを5メートルのときの2倍の高さにまでもっていけばいいということがおわかりだろう。

ただし、問題は、振り子式の場合、ヘッドの高さは振り幅には比例しないということ。前ページのイラストを見ればおわかりのように、ヘッドの振り幅は高さの平方根に比例するのだ。

ということは、仮に5メートルのタッチを出すときに、クラブヘッドを20センチ引いているのだとすれば、10メートルのタッチのときは、2倍の平方根である約1・41倍の振り幅（この場合は約28センチ）でいいということになる。

逆に、5メートルの半分（2・5メートル）のタッチなら、1／2の平方根である約0・7倍の振り幅（この場合は14センチ）ということになるわけだ。

もちろん人間は機械ではないから、完全な振り子のようなパッティングはできないけれど、距離が2倍なら振り幅も2倍とはならないことだけはたしかなのである。

高速グリーンほど、ボールはゆっくり転がる?!

〈イメージのウソ〉

同伴プレーヤーのパットを見ていると、打ち出された瞬間、「あ、これは入りそうだ」と思うことがある。ので、こちらは別な角度から見ているのでラインがわかっているいるわけではない。しかし、打ち出された瞬間のボールが転がるスピードをみて、「これは入りそう」だと感じるときがあるのだ。

このように、絶妙なタッチは、ボールが転がる速度によって〝見える形〟になる。

そこで、パットの距離感を出すためには、ボールがカップインするまでのスピードをイメージしてみるという方法をすすめるプロもいる。「これくらいの強さで打とう」ではなく、「これくらいのスピードならカップインする」とイメージして、そのスピードが出るようストロークしてみるというわけだ。

ただし、このやり方には一つの落とし穴がある。

たとえば「高速グリーン」という言葉から、あなたはどんなスピードをイメージするだろうか。

「高速」というくらいだから、ボールがふつうのグリーンより速く転がる――そんなふうに思ってしまうゴルファーもきっと多いはずだが、これはじつは大いなる誤解。間違ったイメージをもっていては、ボールが転がるスピードから距離感を出すことは、まず不可能だろう。

「高速グリーン」では、じつはボールはゆっくり転がるのだ。

たしかに、高速グリーンでは、ふつうのグリーンでは5メートル転がるようなタッチでストロークすると、7メートルくらいは転がってしまう。

つまり、同じ地点で比べると、高速グリーンのほうがボールのスピードが出ているのだが、同じタッチではなく、同じ距離を打とうとした場合は逆。

高速グリーンではタッチが弱くなるから、ボールのスピードが遅くなる。それでもトロトロと転がってカップに届く（あるいはオーバーしてしまう）のが、高速グリーンの高速たる所以《ゆえん》というわけである。

「高速グリーン＝ボールが速く転がる」というイメージをもっている人は、頭のなかをリセットする必要がある。そして、遅く転がるからこそ、傾斜の影響を受けやすくなるということも頭のなかに入れておいてほしい。

3章

ボディの科学

●理想のスイングが、ムリなくできる――

正確なショット
のための
動作を知る、
なるほど運動生理学

上達の近道は「本当の体の使い方」を理解すること

〈スイングの核〉

ゴルフのスイングについては、無数の〝理論〟が存在する。

しかし、スイングを「体の動き」という観点からみると、きわめてシンプルに言い表すことができる。

つまり、下半身はできるだけ固定しておき、上半身の前傾角度をキープしながら背骨を軸に上半身をひねる。そしてもうこれ以上、上半身がひねれないとなったら、そこから下半身→上半身という順で体を回転させる。この体の大きな動きに、腕と手とクラブがついてくるのがゴルフのスイングということになる。

こういうと、体重移動はどうなるのか？　トップの位置は？　腰の回転は？　などと、つぎからつぎへと疑問がわいてくる人も大勢いそうだが、これらは自然に決まるものなのである。

上半身を右にひねれば、体重は自然に左から右に移動するし、両腕を〝完全に脱力〟したうえでクラブがつねに体の中心にあるようにして上半身をひねれば、もうこれ以上クラブが上がらない場所があり、それがその人のトップということになる。

下半身は固定し、上半身の前傾角度を保ちながら、背骨を軸に上半身をひねる。
腰の回転は意識せず自然に回る感じ

プラスチックの下敷きの上半分をひねるイメージ

腰の回転も、意識して行なうものではなく、下半身を固定しているつもりでも、上半身をひねれば、やむをえず少しは右に回ってしまうもの。

腰の回転を意識すると、その時点で捻《ねん》転《てん》ではなく、ただの回転になる。これではボールは飛ばないのだ。

このほかにも、ゴルフのスイング理論には、コックの作り方、スイングプレーンから外《はず》れないためのテイクバックの仕方、下半身リードの方法、タメの作り方、ハンドファーストでインパクトするための方法、ダウンブローの打ち方、フェイスローテーションの仕方など、さまざまなポイントがある。

いずれも正しいスイングのためにはマ

スターすべきポイントだが、順番としては、まず体の大きな動かし方を理解することが先。そこさえ理解して、そのとおりに体が動けば、とんでもないミスショットは出ない。あとは腕と手の使い方を覚えればいいだけで、シングルになるのは時間の問題だろう。

逆にいえば、何冊ものレッスン書を読み、熱心に練習しているのに、いまだに100や90が切れない人は、スイングの枝葉ばかりに目がいって、基本的な体の動きに重大な欠陥があることに気づいていないのだろう。

これではどれだけ練習しても〝目先のミスショット〟をごまかすような対処療法的なスイングにしかならない。いや、最悪の場合、どんどん「下手《へた》を固める」ことにもなりかねないだろう。

では、スイングの基本的な体の動きは、どうすればわかるのか?

それは、「スイング中、いまどこの筋肉を使っているか。どの関節に負荷がかかっているか」ということを意識することだ。

アマチュアは、プロのスイングを真似しているつもりでも、筋肉や関節の使い方がプロとはまったく違うことが多い。それは、ひと言でいうと〝スイングの形〟ばかり気にしているから。〝外見〟からは、実際にどこに力が入っているのか（どこに力が入っていないのか）、どこを我慢しているのか、ということがわからないのだ。

しかし、これから解説する「本当の体の使い方」を理解し、練習を積めば、数か月で見違えるようなスイングができるはずである。

アドレスではお腹周辺の筋肉に力を入れる ――〈正しい姿勢〉

「アドレスでは極力、体の力を抜くことが大切だ」と、よくいわれる。しかし、すべての筋肉の力を抜いてしまっては、軸のない、いかにも〝ゆるんだアドレス〟になってしまう。

アドレスで（というか、スイング中ずっと）力を抜くのは〝胸から上の筋肉〟。具体的には、胸、肩、腕、手の筋肉には一切の力を入れないようにする。

逆にいえば、力んだときというのは、かならず胸から上の筋肉のどこかにムダな力が入っていると考えていい。その余分な力によって、スイング軌道に狂いが生じたり、タイミングがズレたりして、ミスショットが生まれるのである。

アドレスで意識すべきなのは、腹直筋や腹横筋など体幹《たいかん》といわれる体の中心にある筋肉だ。これらお腹周辺の筋肉に、ある程度の緊張感がないと、スイングの軸が

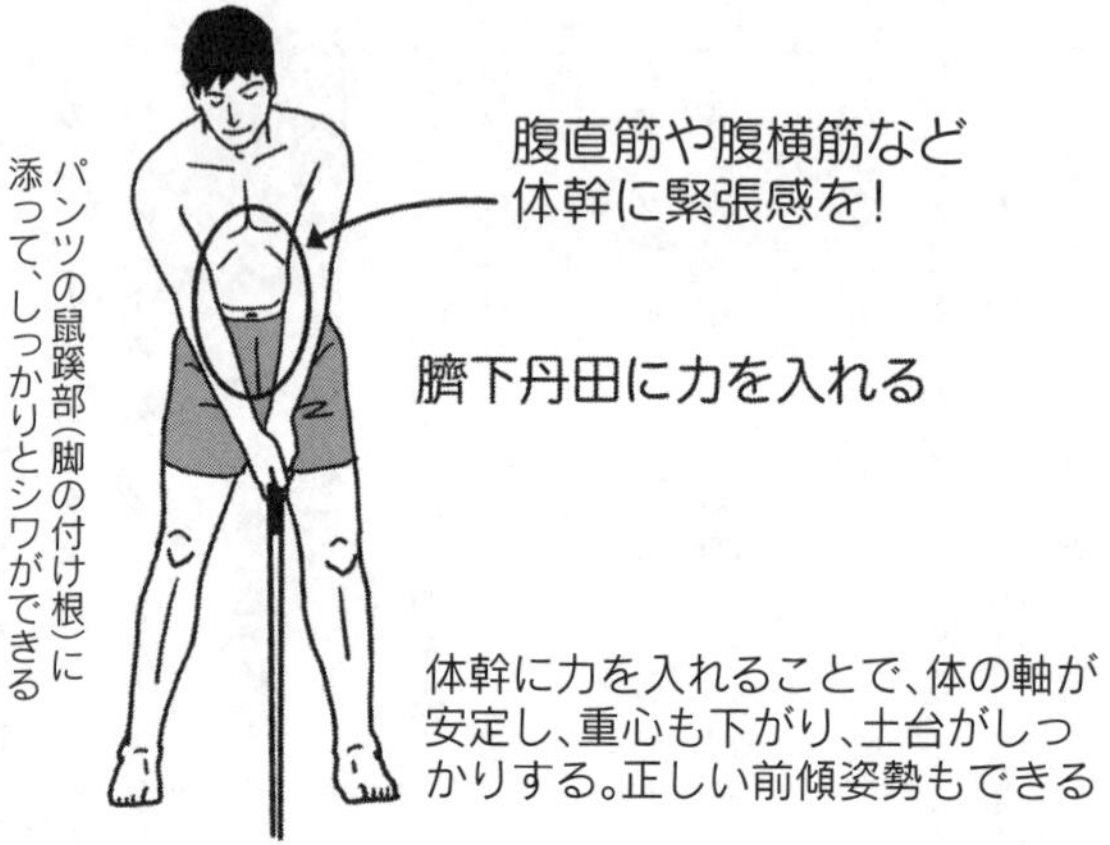

体幹に緊張感を！
パンツの鼠蹊部（脚の付け根）に
体幹に力を入れることで、体の軸が
安定し、重心も下がり、土台がしっ
かりする。正しい前傾姿勢もできる

ブレやすくなる。

プロのなかには、「アドレスでは臍下《せいか》丹田《たんでん》に力を入れる」という人もいる。臍下丹田とはお臍《へそ》の少し下。日本では昔から〝気〟を入れる場所といわれているが、ここに力を入れることで軸が安定するのは事実。しかも、重心も下がって、土台のしっかりしたスイングができるようになる。

また、お腹の周辺にある筋肉は、正しい前傾姿勢をつくるためにも重要な役割がある。

正しい前傾姿勢とは、スタンス幅の直立姿勢から鼠蹊部《そけいぶ》に手を当てて、その手をはさむようにして上半身を前に倒すというもの。腹筋《ふっきん》が弱いと、前傾が浅くなって、インパクトのときにどうしても上半身が起きやすくなるのだ。

また、背すじは真っ直ぐに伸ばすが、アマチュアに多いのは、「真っ直ぐ」を意識しすぎて、背中が反《そ》り返ってしまったアドレス。前からみるとアゴが上がり、胸を張った姿勢になっている。

この姿勢はすでに力が入っていて、スイングともなると、さらなる力みを呼びやすい。そうでなくても、バックスイングで上体が起きやすくなるし、バックスイングに必要な懐《ふところ》ができないから、アウトサイドインのカット打ちになりやすい。

正しい前傾姿勢ができると、いわゆる「股関節が入った状態」になり、バックスイングがスムーズにできるようになるし、トップで右股関節の上にしっかり体重を乗せることもできる。ボールを飛ばすためのパワーを右股関節のあたりに溜めておくことができるのだ。

もうひとつ、アドレスで大切なのは、両足の指で大地をギュッとつかむこと。そのためには、体重はやや爪先寄りになる。よく体重は拇指《ぼし》球に乗せておくといわれるが、これも同じ意味だ。

両腕は肩も含めて完全に脱力して、ダラリと下げ、右肘《ひじ》は下に向ける。すると、右手は手のひらが斜め左前方を向き、左手は手の甲がやはり斜め左前方を向く。こ

【前傾姿勢のボディ学】

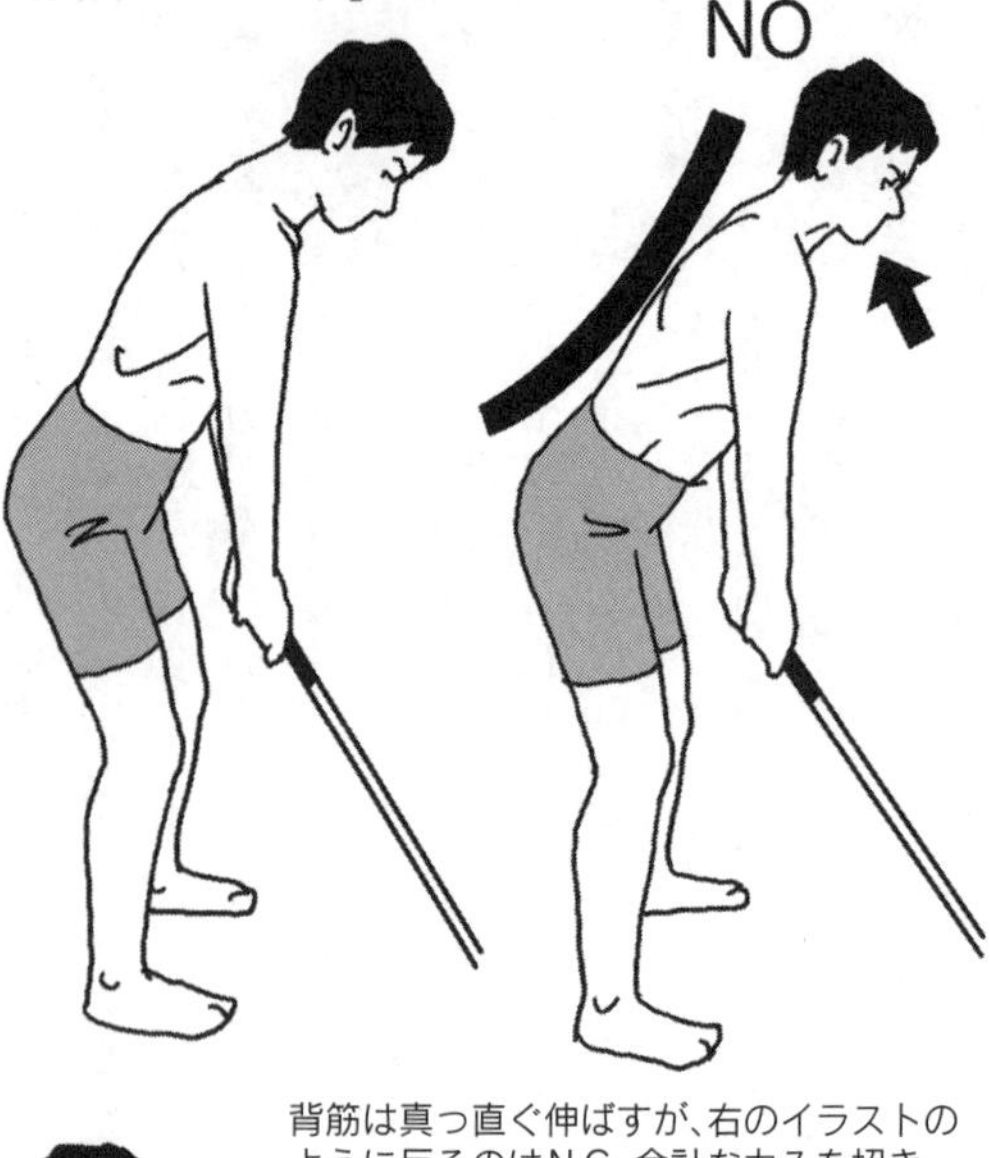

背筋は真っ直ぐ伸ばすが、右のイラストのように反るのはＮＧ。余計な力みを招き、上体も起きやすく、カット打ちになりやすい。左は、正しい前傾姿勢の「股関節が入った状態」。上半身の捻転で生まれたパワーを、股関節で溜めておける。両足の指で、大地をギュッとつかむ感覚も大切

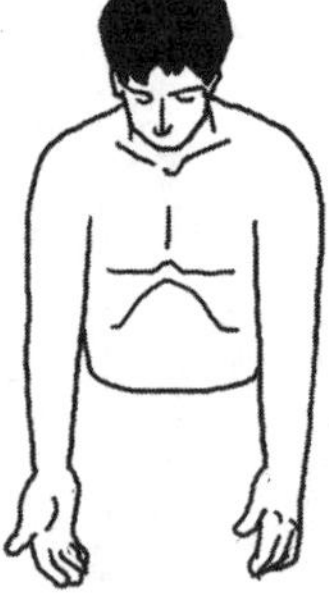

腕は脱力し、右肘は下に向ける。右手のひらは斜め左前方を向き、左手の甲は斜め左前方を向く。これを重ねてグリップをつくる

の左右の手をサンドイッチのように重ねればグリップの出来上がり。

あとは、スイング中はグリップとクラブシャフトの角度を変えないこと。トップでは右肘を曲げ、フォローでは左肘を曲げること。そして、グリップがつねに体の中心にあるように意識すれば、とんでもないミスショットは出ないものだ。

テイクバックは腕ではなく腹・背筋で

〈スイングの安定〉


アドレスの姿勢が正しく、バックスイングもプレーンから外れていなければ、そのスイングは90％成功したも同然。逆にいえば、テイクバックからトップまでの体の動きで、スイングの成否がほぼ決まると思っていい。

ところが、バックスイングの出発点となるテイクバックのところで、アマチュアは早くも大きな間違いをしでかしている人がひじょうに多い。

それは、手でクラブを上げてしまうということ。クラブを上げるのに手を使ってしまうと、クラブはどこに上がるかわかったものではない。手は器用だから、アウトサイドにもインサイドにも自在にクラブを上げることができる。

しかも、手を使えば、いくらでもクラブを〝大きく〟〝高く〟振ることができる。

その結果は、極端なオーバースイング。これではいつまでたってもスイングプレーンはできないし、ボールもどこに飛んでいくかわからない。

テイクバックは、体重移動をきっかけにして、手ではなく腹筋と背筋《はいきん》で行なう。くり返すが、腕と手は手首の角度をキープすることだけに留意して、それ以外の力は完全に抜いておく。グリップもゆるゆるでいい。

こうして腹筋と背筋を使って、背骨を軸にして上半身を右にひねっていくと、左側の背筋が伸びると同時に、右脚の太もも内側の筋肉（内転筋）や、脛の筋肉（前脛骨筋）にかなりの負荷がかかってくることがわかるはずだ。

スイング中、筋肉にもっとも負荷がかかるのは、このテイクバックからトップまでの一瞬。ここで右サイドの〝我慢〟が足りないと、腰が右にスエーしたり、右膝の角度が伸びたり、上体が起きてしまったり、そのスイングはオジャンになる。

ついでにいえば、腕と手は、アドレスの位置から右肘を支点にして、トップの位置まで斜め右方向（左手の親指方向）に上がっていくだけだ（上げるのではなく、上がる）。その〝移動距離〟は、高低差にしてわずか70センチほど。ただ、この移動には体の回転も伴うからもっと大きく手を動かしているような気がするが、それは一種の錯覚。手や腕は思っているほど動いてはいないし、動かすべきではないのだ。

【テイクバックのボディ学】

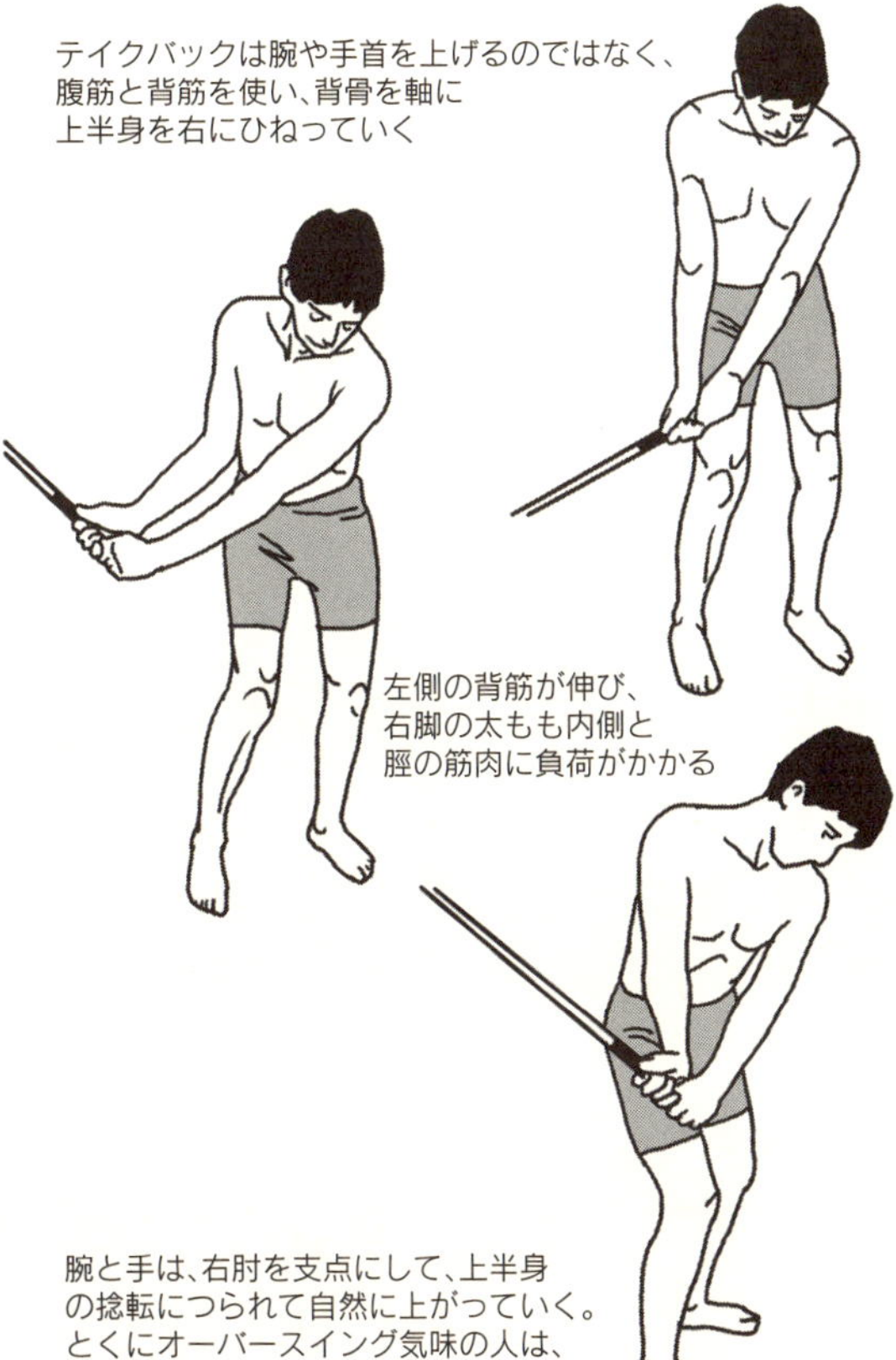
テイクバックは腕や手首を上げるのではなく、
腹筋と背筋を使い、背骨を軸に
上半身を右にひねっていく
左側の背筋が伸び、
右脚の太もも内側と
脛の筋肉に負荷がかかる
腕と手は、右肘を支点にして、上半身
の捻転につられて自然に上がっていく。
とくにオーバースイング気味の人は、
グリップはアドレスの位置においたまま、上体をひねる意識で

とくにオーバースイング気味の人は、グリップはアドレスの位置においたまま、上体をひねることで、自然にトップまで到達すると考えたほうがいい。クラブには遠心力も働いている。手でクラブをトップまで持っていこうとすると、かならずオーバースイングになる。

また、クラブを手で上げないという意識があると、クラブ（グリップ）はつねに体の中心にあるはず（「両肩と両腕でできた三角形を崩すな」も同じ意味）。これはクラブがスイングプレーンから外れていない証拠で、こうしてグリップが右肩のあたりにまで到達したとき、はじめて〝叩けるトップ〟が完成するのだ。

バックスイングは肩を回すより胸を右に向ける

〈パワーの生み方〉

スイングの成否を決めるバックスイングについて、別な角度から説明しておく。よく「バックスイングでは肩を回せ」という。

しかし、この言い方は誤解を招きやすい。肩は腕、そして手へとつながっている。そのため、肩を回せといわれると、腕と手もいっしょに回してしまうゴルファーが多いのだ。結果は、バックスイングを極端にインサイドに引くことになり、プッシユアウトやそれをイヤがってのチーピンが出やすくなる。

プロゴルファーの中島常幸は、「人に呼び止められて右に振り向くのがバックスイング」だといっている。人に呼び止められたとき、肩を回そうと意識する人は少ないはず。ふつうは声が聞こえるほうに胸を向ける。

バックスイングも同じ。「肩ではなく胸を回す」という意識のほうがベターなのは、そのほうが手や腕が勝手に動く余地が少なくなるからだ。

さらに、胸を回すという意識があると、上体全体《じょうたい》をひねろうとする。そのため腹筋や背筋も使わざるをえなくなり、捻転が深くなる。

捻転が深くなると、それだけ右股関節にパワーが溜まる。そのパワーを逃がさないためには、あらかじめアドレスで股関節を入れておき、その状態をトップまでキープしておくことが必要。というわけで、スイングとは最初から最後まですべての動きが連動していくことがおわかりだろう。

スイングというものは、テイクバックからフィニッシュまで、各段階での筋肉や関節の使い方が正しければ、すべてがうまく連動するようにできている。どこかで流れが止まったり、プレーンが狂ってしまうのは、飛ばそうとして無駄な力が入ったときだと思っていい。

【バックスイングのボディ学】

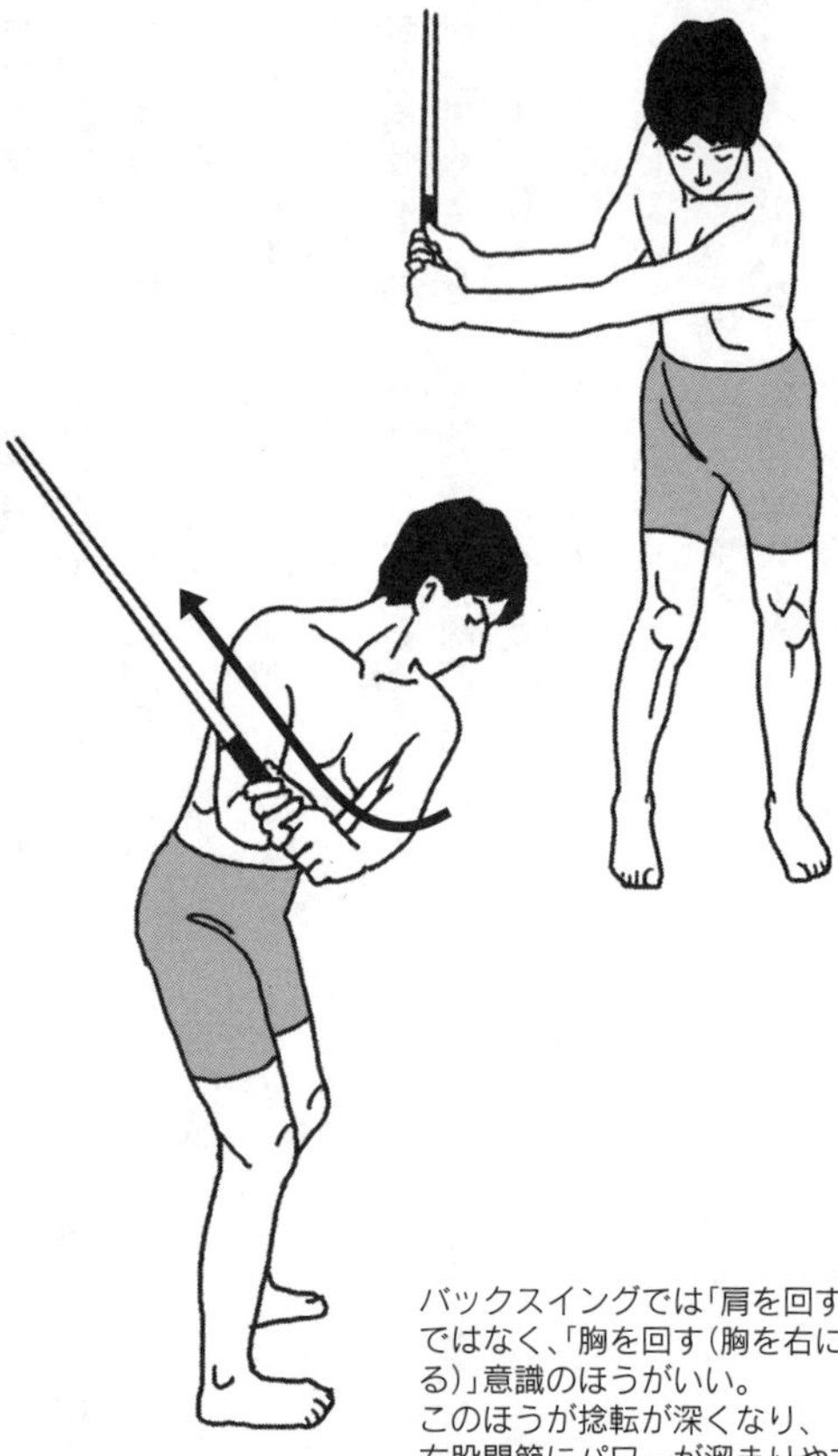

バックスイングでは「肩を回す」のではなく、「胸を回す（胸を右に向ける）」意識のほうがいい。
このほうが捻転が深くなり、
右股関節にパワーが溜まりやすい。
手や腕の余計な動きも制限できる

ダウンスイングでの理想の"ダメ"のつくり方

〈筋力を活かす〉

体重が右に移動し、上体が十分にひねられることによって、右股関節にパワーが溜まる。そして、もうこれ以上は上体をひねることができないとなったときがトップだ。

このとき、胸は完全に右を向いており、グリップはちょうど右肩あたりにある。これは遠心力のせい。

この時点でグリップが体の中心から右にズレるのはやむをえないというか、自然の流れだからそれでいい。

切り返しは、よくいわれるように下半身からはじまる。きっかけは、左足を踏み込むという方法もあれば、右足で地面を蹴《け》って右腰を左腰に押し込むという方法もある。

ここでのポイントは、切り返しの段階では、じつは上体は遠心力によってまだ右方向に回ろうとしていること。

つまり、切り返しの一瞬、下半身は左に回ろうとしているのに、上体はまだ右に

【ダウンスイングのボディ学】

「これ以上、上体をひねることができない」という状態がトップ。プロのトップを真似ると、腕だけが上がるオーバースイングになりやすい。体が硬い人は、イラストのような位置でも十分

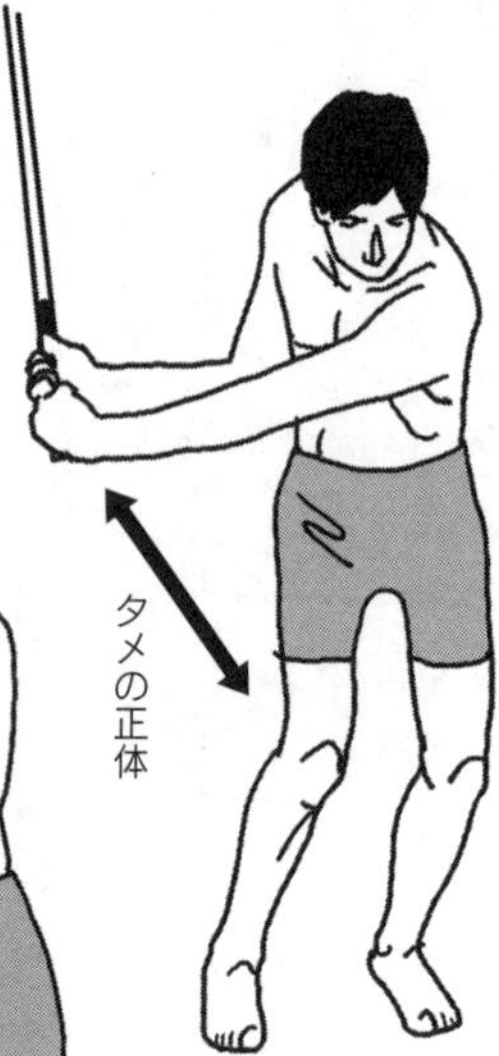

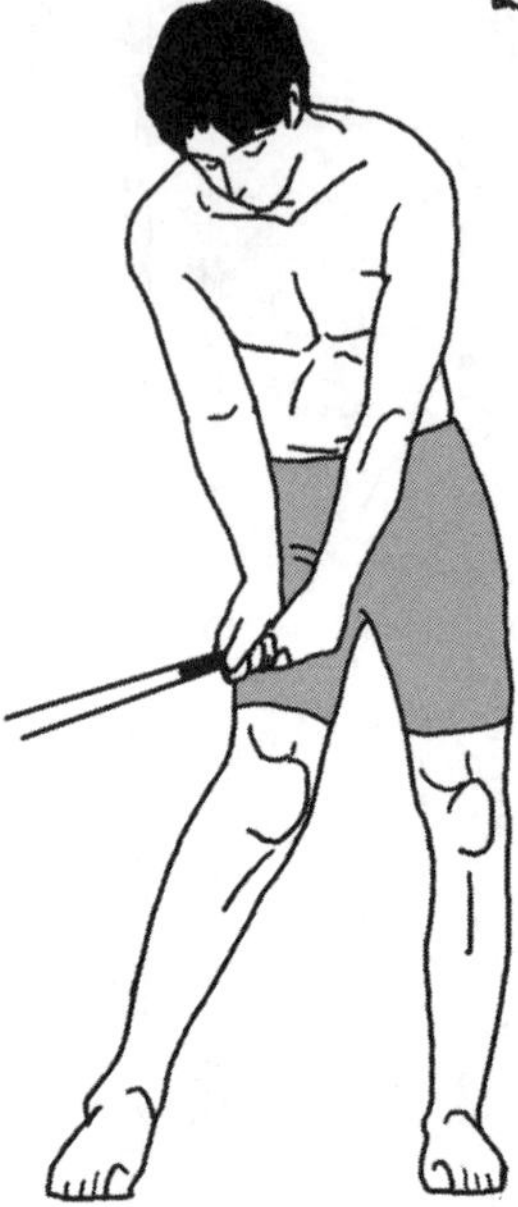

上のイラストの切り返しの段階では、上半身はまだ右に回ろうとし、下半身は左に回ろうとして〝引っ張り合い〟が起きる。ここにパワーが生まれる

ダウンスイングでは腕の筋肉は使わず、下半身や腹・背筋を使う。腕と手は、ギリギリまでコックをとかず、右肘が体から離れないように

回ろうとしているという〝引っ張り合い〟が起きているのだ。

じつは、これが飛ばしに必要なタメの正体。

石川遼は「クラブを背中に置いておく」といったが、クラブがまだ背中にある段階で、下半身では切り返しがはじまっている。この〝時間差〟によって、遅れてやってきたヘッドはさらに加速し、ボールはより遠くに飛ぶというわけである。

ダウンスイングの練習に、柱に巻き付けたゴムチューブをダウンスイングの要領で左下に引っ張るというものがある。

ダウンスイングは単にクラブを下ろしているのではなく、かなりのパワーを使っているのだ。

ただし、使うのは腕の力ではなく、下半身の筋肉（左太腿四頭筋や左股関節周辺の筋肉）と、腹筋や背筋などだ。

ちなみに、ダウンスイングでの腕と手の仕事は、ギリギリまでコックをほどかず、右肘が体から離れないようクラブを下ろしてくること（肘が先に下りてくるイメージ）。ここで腕や手に力が入ったら、一巻の終わり。重力を利用してクラブを落下させるイメージでいい。

インパクトからフォローでの“引っ張り合い”とは〈力の伝え方〉

インパクト直前にコックがリリースされ、しなったシャフトが絶妙のタイミングで戻ってくる。そして、インパクト。このとき、グリップはアドレスの場所に帰ってきている。頭はまだボールの右。胸は正面を向いているが、腰はすでに45度ほど左を向いている。

インパクトのとき、体重がすでに左に乗ってしまっているゴルファーがいるが、これは「突っ込んでる」といわれるスイング。インパクトのときに重い頭はまだボールの右にあるのだから、この段階では体重は左右半々である。

インパクトの直後、自然に左右の前腕が入れ代わり（手首を返す意識は不要）、フォローで右腕が伸びる。クラブヘッドは遠心力によってさらに飛球線方向に向かおうとするが、ゴルファーの頭はまだ右にあるから、ここでクラブと体（頭）の引っ張り合いが起きる。

ハンマー投げの選手は、自分の体を軸にして頭とハンマーが引っ張り合うようにして回転させることで、最大限の遠心力を得ようとしている。ゴルフのインパクト

【インパクト・フォローのボディ学】

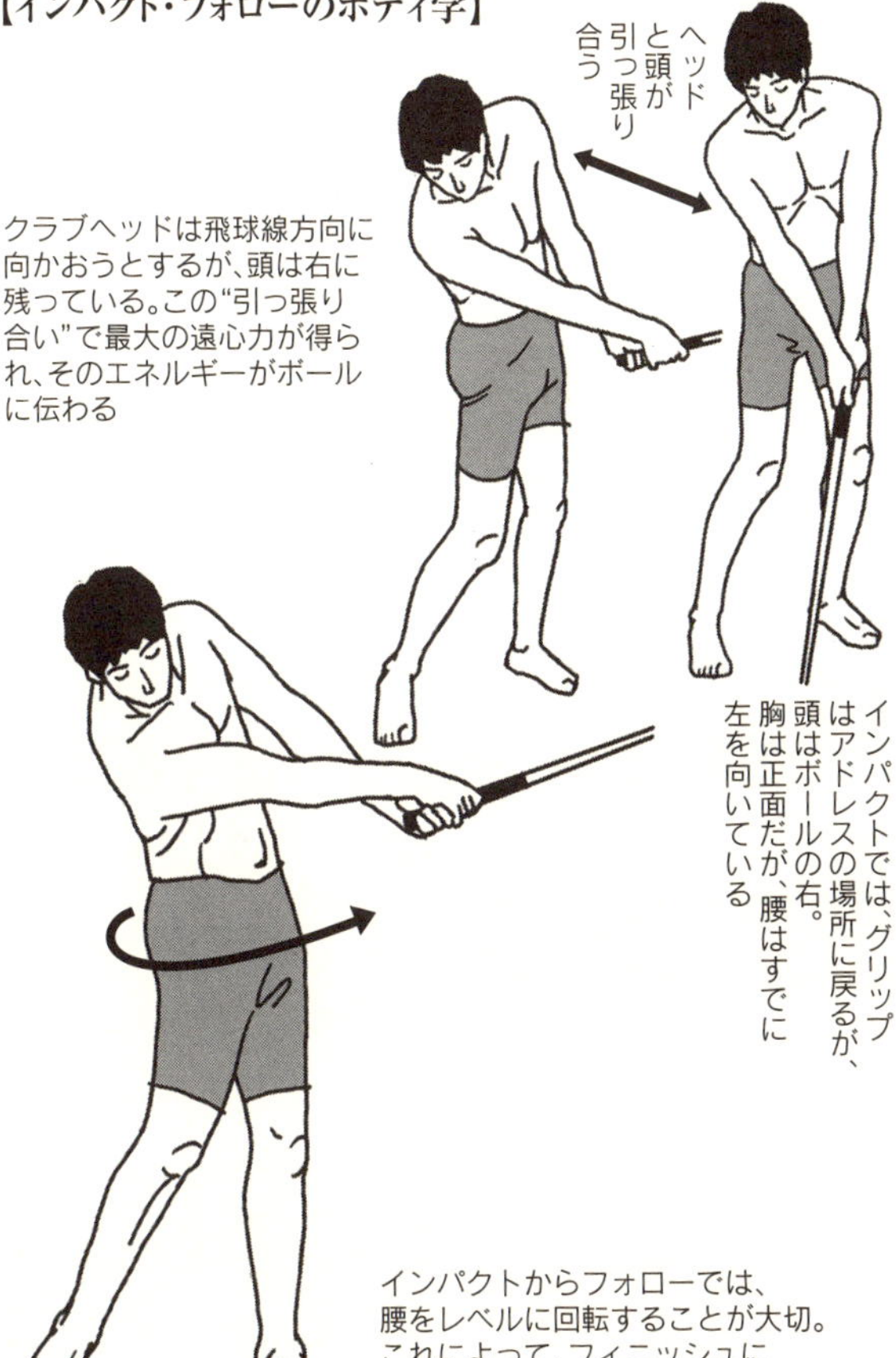
インパクトからフォローでは、腰をレベルに回転することが大切。これによって、フィニッシュに向かうクラブの通り道ができる

もこれと同じ。頭が飛球線方向にズレてしまっては、エネルギーをロスするだけでなく、スイングプレーンまで狂ってしまうのだ。

インパクトからフォローにおける下半身の動きとしては、腰をレベルに回転させる（切る）ことがポイント。ここで腰が切れずに、左股関節が伸びてしまうと、フィニッシュに向けてのクラブの通り道がなくなる。そして、右肩が下がり、結果的に煽《あお》り打ちになってしまう。

腰をレベルに回転させるためには、左股関節周囲の筋力もさることながら、柔軟性が大事。日頃から、股関節は念入りにストレッチしておくことをおすすめする。

フィニッシュでは理想の「I型」の形をとる

〈回転の結末〉

フォローで右腕が伸び、クラブのシャフトが飛球線と重なるとき、頭はまだボールの右側にあるが、ヘソは完全にターゲット方向を向いている。

下半身では、腰の回転と同時に右膝が左膝の下に送り込まれて、体重は一気に左へと移動している。

前傾姿勢をキープしておくのもここまで。クラブの遠心力と左肘をたたむことに

【フィニッシュのボディ学】

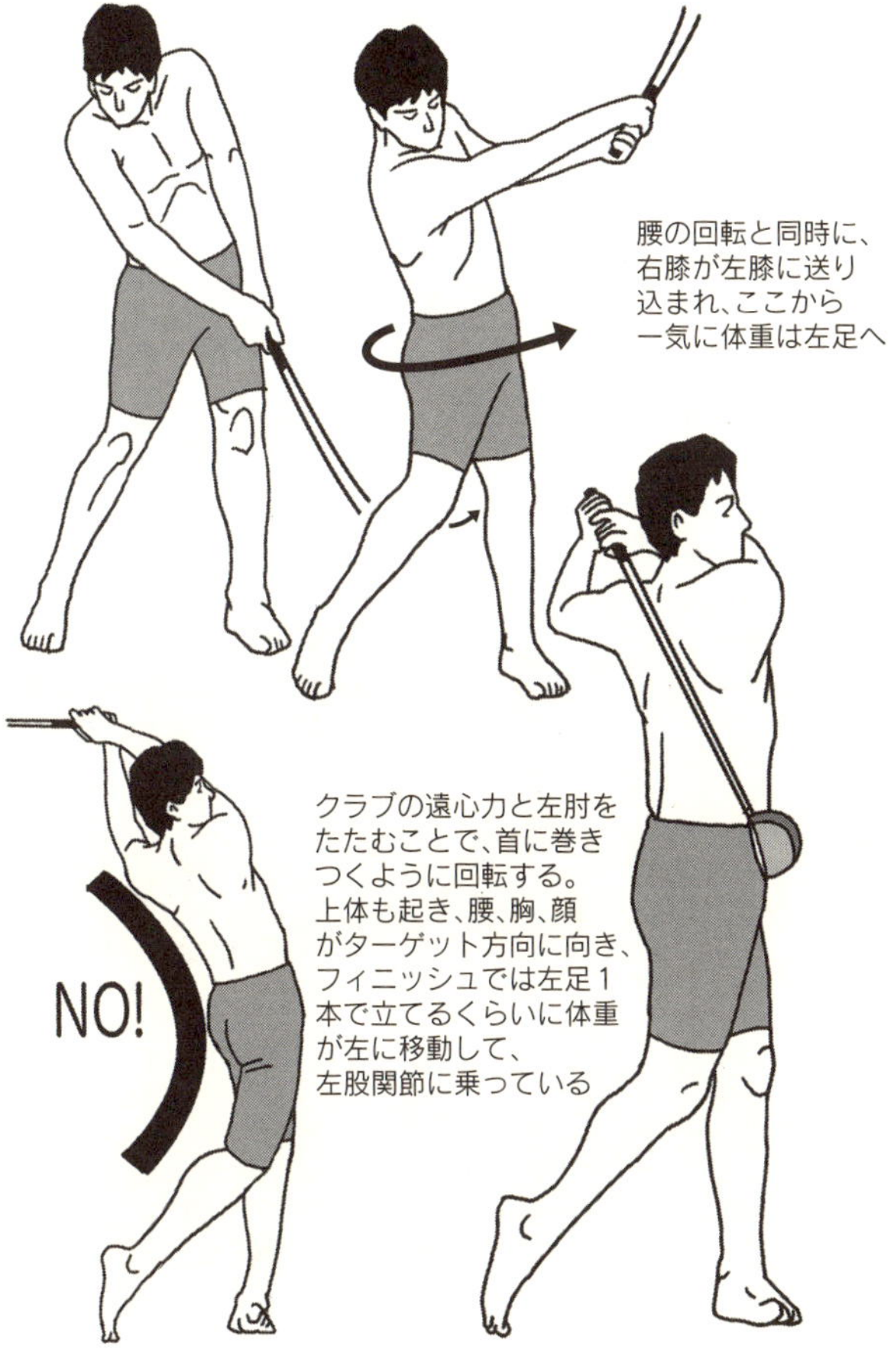
腰の回転と同時に、
右膝が左膝に送り
込まれ、ここから
一気に体重は左足へ
NO!
クラブの遠心力と左肘を
たたむことで、首に巻き
つくように回転する。
上体も起き、腰、胸、顔
がターゲット方向に向き、
フィニッシュでは左足1
本で立てるくらいに体重
が左に移動して、
左股関節に乗っている

よってゴルファーの首に巻きつくように回転していくにつれて、上体が起き、顔もターゲット方向に向いてくる。

フィニッシュでは左足一本で立っていられるくらい体重が左に移動している。フィニッシュの形は「I型」が理想。ひと昔前の「逆C型」は、煽り打ちを助長しやすいし、腰にもかなりの負担がかかる。

また、左に移動してきた体重が支えきれずに、左足の爪先《つまさき》が開いてしまうゴルファーが多いが、これではパワーをロスしたり、方向性が悪くなったりする。左足の内側がめくれるのは仕方がないが、それでも左足の外側と左の股関節でしっかり体重を受け止めたい。

バランスのいいスイングでは、体重が左股関節にしっかり乗っているため、フィニッシュの姿勢を何秒でもキープできる。最初からフィニッシュがとれるようなスイングを心がければ、バランスが崩《くず》れるような大振りにはならないものだ。

スイングの基本はなぜ下半身なのか？——〈パワーの源〉

スイング中の体の動きをみてきたが、すでにおわかりのように、ゴルフのスイングの主役は、下半身である。

スイングとは、たしかにクラブを振ることには違いない。「振る」といえば、もっぱら手や腕の仕事だと思いがちだが、クラブを振るための大半のエネルギーは下半身、より具体的にいえば腰の回転、そして腰の回転を速くする両脚の力によって生じている。

野球の投手や打者も、「腕を振る」のが仕事だが、そのパワーの源は下半身にある。そもそもの話、下半身と上半身を比べると、生み出すパワーは下半身のほうが圧倒的に大きい。そのことは、格闘技でパンチよりキックのほうが数倍効き目があることでもおわかりだろう。

ゴルフもまったく同じだ。手打ちでは飛距離が出ない。腕力にたよってクラブを振り回すゴルファーより、腕力はなくても体（腰）の回転に連動してクラブを振っているゴルファーのほうが飛距離は出るし、方向性も優れている。

極論すれば、ゴルフにおける腕や手は、下半身から生まれたパワーをクラブに伝えているだけといっても過言ではないのだ。

もちろん、クラブを「速く振る」能力もあるに越したことはない。しかし、その能力を生かすためには、腕を振る速さについていけるような腰の回転スピードが必

スクワットは、下半身強化に効果的。腰の回転スピードも上がる

要。そのためには、やはり下半身を強化するしかないのだ。

下半身の強化でもっとも効き目があるのは、スクワット。そしてランニングだろう。まあ、これがキツすぎるという人は、コースに出たときは、少なくともカートには乗らず、歩幅を広くして、早足で歩くことをおすすめする。

下半身のパワーをクラブに伝える「体幹」――〈ブレない軸〉

下半身の強化と並んで重要なのが、「体幹」の強化だ。

体幹とは、読んで字のごとく、体の幹にあたる部分。具体的には腹から腰、背中のインナーマッスル（体の奥のほうにある筋肉）も含めた筋肉群をいう。

体幹の重要性は、近年、あらゆるスポーツにおいて注目されている。それも当然の話で、体幹には「自分の体重を支える」という人間としての基本的な動きをコントロールするだけでなく、「身体のバランスをとる」という重要な役割があるからだ。身体のバランスが悪ければ、どんなスポーツもいいパフォーマンスは望めない。

ゴルフの場合はなおのこと。それは、ゴルフのスイングをコマに見立ててみればよくわかる。

この場合、体幹はコマの軸になるが、コマの軸が傾いていたり、グニャグニャしていては、コマはすぐに倒れてしまう。体幹が弱いと、アドレスでの前傾姿勢が決まらないし、仮にアドレスでは決まったとして、インパクトまでその前傾姿勢をキープしておくことができないのだ。

さらに、下半身で生まれたパワーを最終的にクラブヘッドに伝えるためにも、下半身とクラブ（腕）をつないでいる体幹がしっかりしていなければならない。

体幹はコマの軸であると同時に、下半身と連動して、上体をひねる際のエンジンの役割も果たしている。

前に、テイクバックは腹筋と背筋を使うといったが、逆にいえば、つい手でクラ

【体幹を鍛える運動】

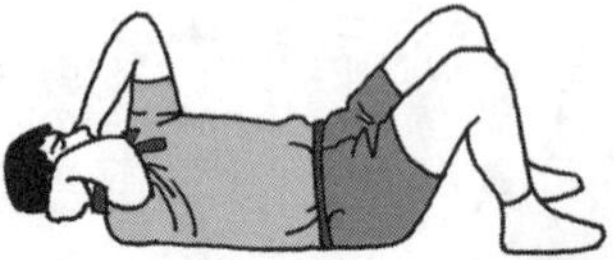

おへそをみるように
上体を起こす。
大きく起こす必要はない

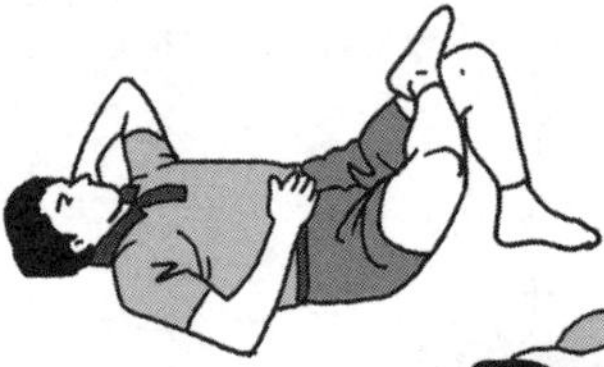

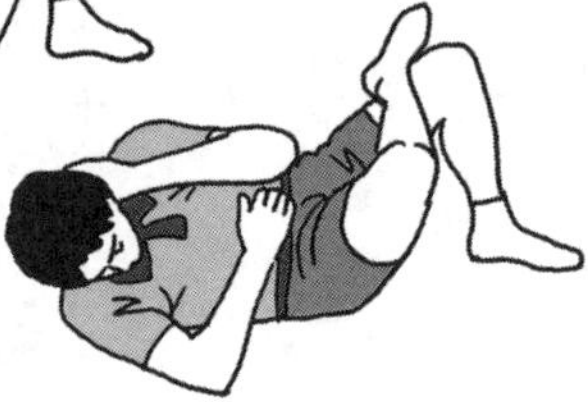

応用編として、上体を
起こすときにひねる

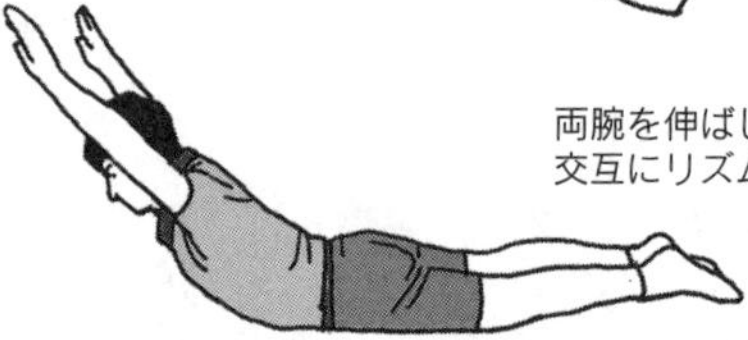

両腕を伸ばし、上半身と下半身を
交互にリズムよく揺らす

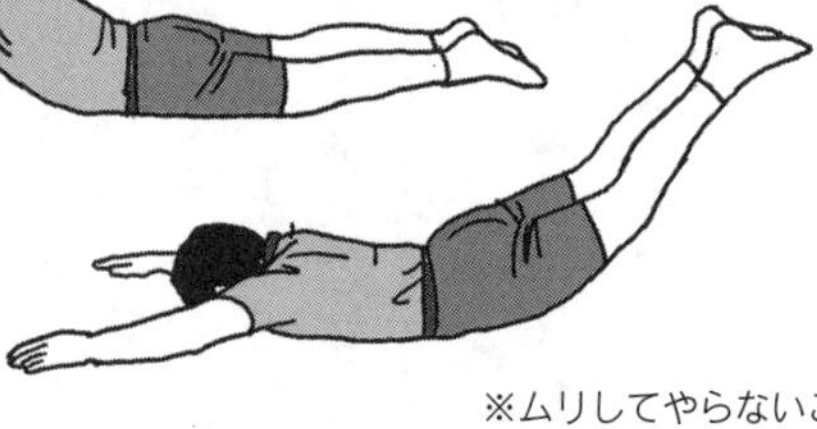

※ムリしてやらないこと

ブを上げてしまうゴルファーは体幹が弱いことが原因、という場合もあるのだ。

体幹を鍛えるためのオーソドックスな方法は、腹筋運動（クランチ）。床に仰向《あおむ》けになり、両膝《ひざ》を曲げて、両手で首の後ろを持つ。その体勢から、おへそをみるように上体を起こす。肩甲骨《けんこうこつ》が床から離れる程度でいい。

このバリエーションとして、上体を起こすときに、体幹を左右交互に一方の側にひねるのもいい。

つぎは背筋。床にうつ伏せになり、両腕を伸ばす。そして、右下のイラストのように上半身と下半身を交互にリズムよく揺らす。最初はキツイので、けっして無理はしないこと。とくに背中を反《そ》りすぎると腰を痛めやすいので要注意だ。

股関節が柔軟である大切さを理解せよ

〈体重移動の中心〉

ゴルフのスイングでは、じつにたくさんの関節が使われるが、そのなかで、もっとも重要な役割を担っているのが股関節だ。

これまでくり返し述べてきたように、股関節は下半身と上半身のジョイント部分で、その周囲には体幹の筋肉群がある。

【バランスのいいスイングをするには】

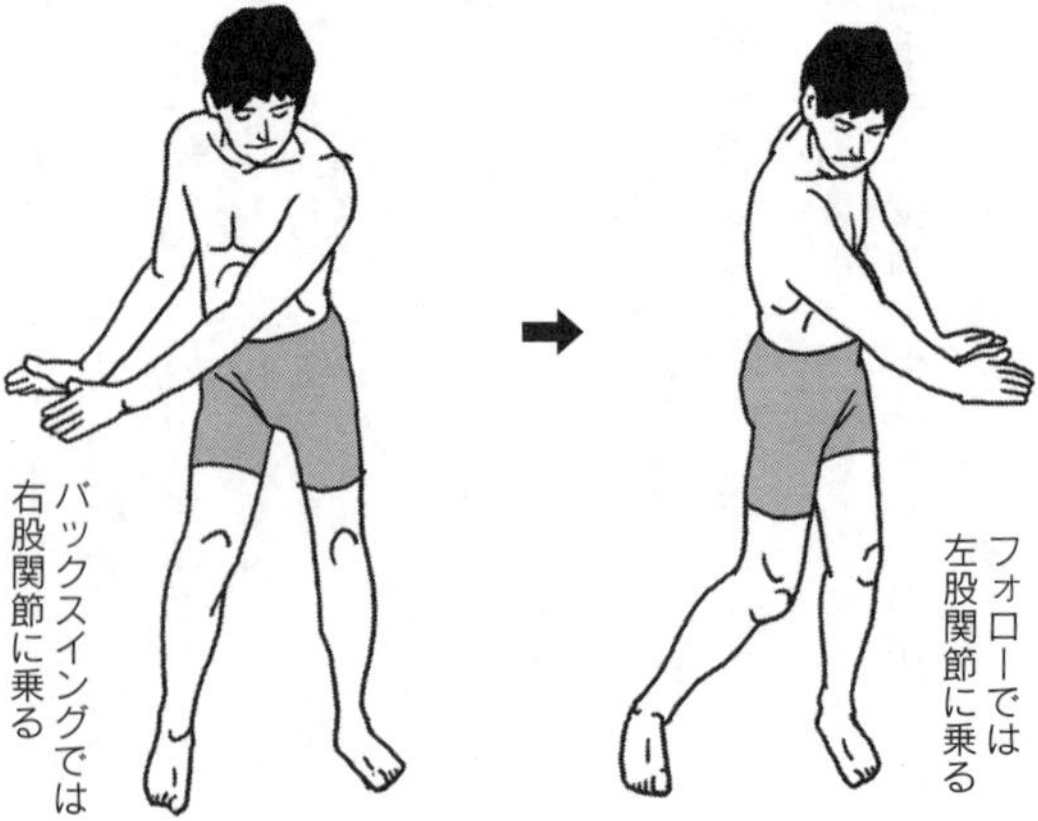
バックスイングでは
右股関節に乗る
フォローでは
左股関節に乗る

右股関節および周辺の筋肉に柔軟性があれば、バックスイングで上体を大きくねじっても、軸が狂わず、なおかつパワーを溜めておくことができる。同様に左股関節と周辺の筋肉に柔軟性があれば、インパクトからフォローにかけて腰が切れ、体重移動もスムーズにいく。

よく「バックスイングでは〝右に乗る〟、フォローでは〝左に乗る〟」というが、この場合の右・左とは、右股関節と左股関節のこと。ここにどっしり体重が乗って初めて、バランスのいいスイングが可能になる。

逆にいえば、股関節が硬いゴルファーは、上体をうまくひねることができないから手打ちになりやすいし、フォローで

【股関節を柔軟にするストレッチ】

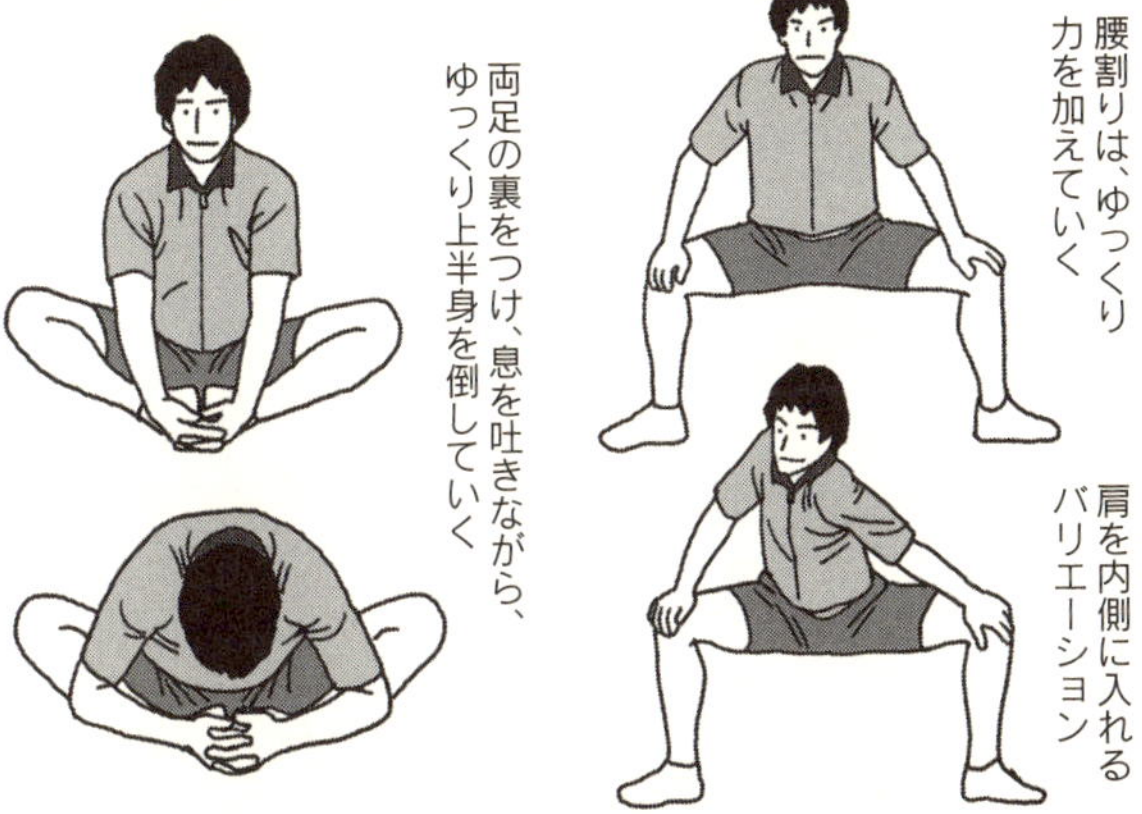
腰割りは、ゆっくり
力を加えていく
両足の裏をつけ、息を吐きながら、
ゆっくり上半身を倒していく
肩を内側に入れる
バリエーション

は左に乗れず、上体が起き上がってしまう。さらに体重移動もスムーズにできないから、飛距離も出ない。

そんな〝ゴルファーの命〟ともいえる股関節を柔軟にし、なおかつ周辺の筋肉を強化する格好の方法がある。それは、相撲でいう「腰《こし》割《わ》り」である。

股を開き、爪先をできるだけ外側に向けて、腰を落とす。手のひらで両膝を押さえ、ゆっくりと外側に開くように力をくわえていく。

ポイントは、踵《かかと》と踵の間の真上に頭がくること。ゆっくり息を吐きながら徐々に股関節を広げていき、止まったところで5秒間キープしよう。

腰割りのバリエーションとして、その

姿勢から肩を交互に内側に入れていくというストレッチもいい。メジャーリーガーのイチロー選手も外野の守備位置でよくやっているストレッチだ。風呂上がりなど自宅で毎日やれば、驚くほど股関節が柔らかくなる。ラウンドのときも、スタート前や疲労が出てくる後半にやることをおすすめする。

もうひとつは、前ページの左のイラストのように、両足の裏をつけて座り、足が離れないようにして上半身を倒していくというストレッチ。

息を吐きながら、ゆっくり倒して、ゆっくり戻そう。できるだけ踵《かかと》をお尻に近づけると、より効果的だ。最初のうちは体が硬くて痛みを感じる人もいるだろうが、できる範囲で毎日やれば抜群の効果がある。

なお、腰割りの姿勢から腕を組み、できるだけその姿勢をキープしてみよう。これはスクワット同様、下半身強化の格好の筋トレになる。

グリップはどうすべきなのか

〈感覚を研ぎ澄ませ〉

さて、ここでグリップの話をしておこう。グリップにはふつう、ストロング、ニュートラル、ウィークの3種類がある。

ストロングはフックグリップともいうようにフックが出やすく、ウィークはスライスが出やすいことはよく知られているが、3つのグリップのうちどれがいいかは、どんなスイングプレーンをイメージしているかによって違ってくる。

ストロングではスイングプレーンがフラットになる（寝る）から、ドライバーやロングアイアンなどのロングゲームに向いている。

いっぽう、ウィークはスイングプレーンがアップライトにある（立つ）から、アプローチなどのショートゲームに向いている。

実際、プロゴルファーのなかには、ショットの内容によってグリップを変えている人もいる。

グリップについてはこのほかにも、手のひらで握るパームか、指先で握るフィンガーか、グリッププレッシャー（握る強さ）はどの程度か、また、その強さはスイング中変えるべきか、変えざるべきか、などについてさまざまな説がある。ざっくりいえば、「フィンガーで、ゆるく握り、その強さは変えない」という説が優勢だが、そのあたりは、じつは微妙なのだ。

たとえば「ゆるく握る」とはいっても、その強さについては、10段階のうちの1というプロもいれば、3〜4というプロもいる。

しかし、実際のところ、あるゴルファーは「10段階の1」のつもりで握っていても、別のゴルファーにすれば、その握りの強さは「10段階の3」だと感じるかもしれない。

けっきょく、そのあたりは感覚の問題。ゴルファーそれぞれがいろいろ試しながら、自分にとってのベストなグリップをみつけるしかない。

そもそも手の形や指の太さと長さ、握力などは、ゴルファーによってみな違う。レッスン書に書いてあることに嘘はないはずだが、鵜呑《うの》みにするのだけはやめたほうがいい。

ゴルフが上手くなる「歩き方」とは
〈その意外な効果〉

近年、カートを導入するコースが増え、すっかり歩かなくなったゴルファーも多いのではないだろうか。しかし、本来、ゴルフは「歩く」こともゲームの重要な要素。それが証拠に、プロの試合はもちろん、アマの試合でも、シニアなどを除けば、カートは使用禁止だ。1ラウンド、歩き通すと、その距離は7キロほどになる。ゴルファーには、少なくともそれだけ歩いても、パフォーマンスが落ちないだけの体力が求められているわけだ。

また、コースでカートに乗ってしまうゴルファーは、体力が落ちるというだけでなく、ゴルファーに必要なバランス感覚や感性も養えない。

人間は、全身の筋肉をバランスよく使いながら歩いている。歩くことはあらゆるスポーツの基本だが、とくにバランスのよさが求められるゴルフでは、歩くことはそれだけでスイングをよくする効果があるのだ。

また、ゴルファーの足は、ラフの深さやグリーンの傾斜、バンカーの砂質など、コースを攻略するためのさまざまな情報をキャッチするためのアンテナでもある。つまり、歩かないゴルファーは、自らそのアンテナを捨ててしまっているわけで、これではミスショットが頻繁に出るのも当然だろう。

さらに、歩くことで、スイングのリズムやゴルフに必要な〝間《ま》〟をつくることもできる。カートに乗ってボールのあるところに横付けして、ちょっと歩き、打ち終わったらまたカートに戻ってグリーンへ……というのでは、けっしていいリズムは生まれないのだ。

というわけで、ここでは、もっとゴルフが上手《うま》くなる歩き方を紹介しておこう。

まずは姿勢。胸を張り、背筋を伸ばし、骨盤を少しだけ前傾させる。腰の位置を高くキープする意識をもつことがコツだ。

歩くときは、腕を後ろに振ることで骨盤が連動して動き、スムーズに足が出る感覚をつかもう。そして、踵から着地したら、足の裏全体を使って体重を拇指球《ぼし》に送り、最後は足の指全体で地面をつかむようにして送り出す。

この歩き方だと、確実にこれまでより歩幅が広くなるはずだ。足の裏に体重が乗っている時間が長くなるため、つぎの一歩がこれまでより数センチ前に出るのだ。歩幅が広くなると、骨盤周辺にある腸腰筋が伸びて、股関節の動きに余裕が出る。つまり、正しい姿勢で歩くことは、股関節のストレッチをやっているのと同じ効果があるというわけである。

また、この歩き方がリズミカルにできるようになると、無駄な動きがないぶん、思ったほど疲れないことに気づくはず。そして、ゴルフのスイングがよくなるだけでなく、ふだんの姿勢もよくなること間違いなし！

練習に〝左打ち〟をすすめる理由

〈体の歪みを正す〉

片山晋呉プロがラウンド中によくやる〝左打ち〟の素振《すぶ》り。いまでは、石川遼をはじめ、男女を問わず多くのプロゴルファーが練習メニューのひとつに取り入れているが、これはトラブルショットのための練習ではない。まあ、左打ちの素振りをしていれば、実際にそういうショットをしなければならなくなったとき、成功率が高まることは事実だろうが、あの素振りはもちろん、ストレッチのひとつだ。

ゴルフのスイングでは、ふだんの生活では使わない筋肉を使う。それも左右どちらかに偏っている場合がほとんどだ。これでは、片側の筋肉や関節だけに負荷がかかり、いつ筋肉を痛めるかわからない。さらに、骨盤がゆがんだり、手足の長さが違ってくるということもある。そこで、左打ちの素振りをすることで、左右の筋肉や関節をバランスよく使い、体がゆがむのを防止しようというわけだ。

具体的には、右利きのゴルファーの場合、バックスイングではとくに右の外腹斜筋と左の内腹斜筋が伸び、フォローでは左の外腹斜筋と右の内腹斜筋が伸びる。

一見すると、左右の腹斜筋を均等に使っているように思えるが、左右の筋肉では、かかる負荷に違いがある。実際、ゴルファーによって、右の背筋が発達する人もいれば、左の背筋が発達する人もいる。左右の筋肉に等量の負荷がかかるということはまずないのだ。

そこで、ときには左打ちの素振りをすることで、あまり使われていない筋肉を使い、左右のバランスをとろうというのがこのストレッチの目的。

ラウンド中だけでなく、練習で右打ちをつづけたあとなど、クールダウンの意味もかねて、左打ちの素振りをすることをおすすめしたい。

ムリなくできるゴルフ・トレーニング〈日常生活の習慣〉

ここまで読んでいただいた読者なら、ゴルフが上手くなるためには、ある程度の筋力と体の柔軟性が大切であることを理解されたはずだ。

ならば、というわけで、さっそくスポーツジムに通うというのも結構な話だが、そんなお金も時間もないという人は、ふだんの生活のなかでできる、つぎのようなトレーニングをしてみてはいかがだろう。ゴルフが上手くなるのはもちろん、仕事への活力もどんどんわいてくるはずだ。

【朝】

・目が覚めたら、布団でストレッチ

127ページで紹介した股関節のストレッチがおすすめ。さらに、次ページの右イラストのような体幹の柔軟性を高めるストレッチもいい。このストレッチは、慢性的

家ではソファに座る代わりに、
バランスボールに座り、腰を
前後左右に動かしてみる

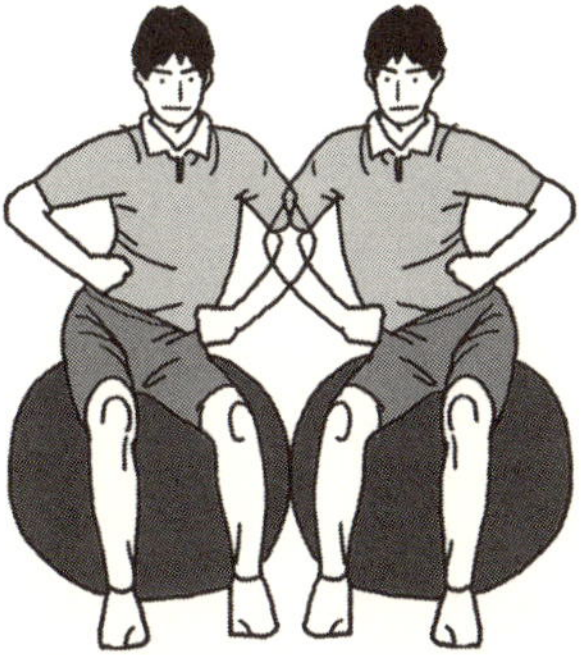

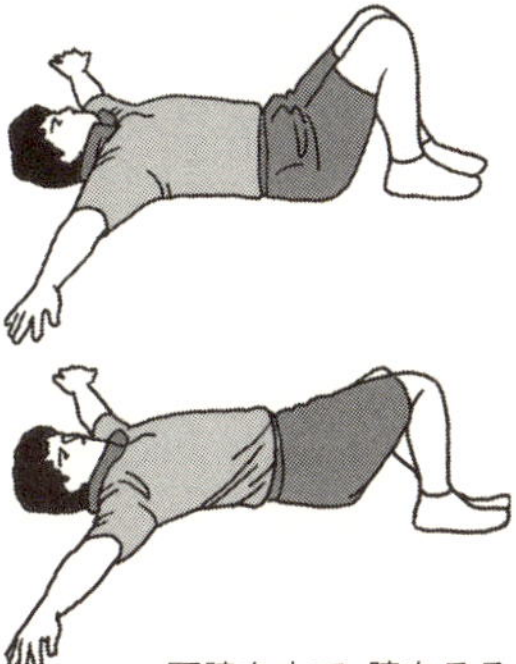

両膝を立て、膝をそろ
えたまま、左右に倒す

な腰痛を抱えている人にも効果がある。

・歯を磨きながら、片足立ち

ゴルフに欠かせないバランス感覚を養うためのトレーニング。左右の足を交互に上げる。慣れてきたら、片目をつぶって片足立ちしてみよう。

【通勤・通学】

・カバンは左右の手で持ち替える

効果は左打ちの素振りと同じ。右利きのプロゴルファーのなかには、食事のとき箸を左手に持って、左手の感覚を養うという人もいる。

・電車では吊り革につかまらない

吊り革につかまらずに立っているのは、バランス感覚を養うだけでなく、下半身の筋トレにもなる。片足でも立っていられれば上級者！

・階段は一段抜かしで

駅ではエスカレーターには乗らず、階段をかけ足で上ろう。一段抜かしで駆け上がるのもＯＫ。

【オフィス】

・パソコンに向かうときの姿勢に要注意

パソコンに向かうとき、つい猫背になったり、足を組んだりしていませんか？日常生活の姿勢は、ゴルフのアドレスに直結している。いつも背筋を伸ばして、2本の足は床に真っ直ぐ下ろしておこう。

【帰宅後】

・ソファの代わりにバランスボール

居間でテレビをみるときは、ソファの代わりにバランスボールに座ってみよう。座っているだけで股関節のストレッチになる。お尻を前後左右に揺すると、骨盤周辺の筋肉のストレッチにもなる。

・お風呂で背中を洗うときは手だけで

背中を洗うときはタオルを使わず、手だけで洗ってみよう。これだけで肩関節の可動域が広がり、スイングアークが大きくなる。

ゴルファーの腰痛はやはり宿命なのか
〈誤ったスイングの弊害〉

ゴルファーを悩ます体の不調といえば、なんといっても腰痛がいちばんだろう。プロのなかには腰痛が原因で引退を余儀なくされたゴルファーも少なくない。アマチュアにも、クラブが振れないという重症の人から、なんとなく腰に違和感があるという人まで、腰痛持ちは、じつに多い。

ゴルファーに腰痛持ちが多いのは、ゴルフのスイングが腰（腰椎《ようつい》）をひねることで成り立っているからだが、この腰椎というのは、それ自体、それほど大きな可動域をもっていない。そのため、腰椎のひねりが過度になると、どうしても負担がかかり、腰痛になるというわけだ。

ただ、腰痛がすべてのゴルファーの宿命かというとそうではない。間違ったスイングやスイングの癖によって、腰痛になりやすいゴルファーとなりにくいゴルファーがいて、たとえば前者はこんなタイプだ。

・アドレスが猫背

アドレスの姿勢が猫背でも背中を反《そ》りすぎていても、バックスイングが窮屈になる。にもかかわらず腰をひねろうとするため、腰に負担がかかる。

・スイングがリバースピボット

リバースピボットとは、バックスイングからトップにかけて体重が左足に乗って、軸が左に傾き、フォローからフィニッシュでは、反対に軸が右に傾いてしまう症状。腰がレベルに回転せず、左右に反ってしまうため、大きな負担がかかる。

・スイングがカット打ち

スイングがカット打ちのゴルファー（スライサー）は、フォローで右肩が下がりやすい。右肩が下がると、腰が反って、負担がかかる。腰はレベルに回転しているかぎり、そうは簡単には痛まないのだ。

・フィニッシュが逆C型

フィニッシュが逆C型ということは、腰が反っているということ。I型なら、上体も腰もレベルに回転しているので、腰に負担がかからない。

というわけで、腰痛にならないためには〝正しいスイング〟をすることが大切なのだが、スイング自体に問題はなくても、マン振りが当たり前のゴルファーや練習に熱心すぎるゴルファーは、どうしても腰に負担がかかってしまう。

そんな人は、体幹を鍛え、股関節を柔らかくしておくことだ。腰は体幹の筋肉によって支えられているから、体幹の筋肉を鍛えれば、腰への負担が少なくなる。

また、腰をひねる動きは、股関節の仕事。スイングで腰が反ってしまうのは、その股関節に柔軟性がないからでもある。134ページで紹介したストレッチを毎日行なうことは、つまり、腰痛防止にも役立つというわけだ。

スキーが上手い人がゴルフも上手い理由 ——〈共通点を知る〉

プロゴルファーにはスキーが上手い人が多い。倉本昌弘は、一時期、オフは毎年のように北海道でスキー合宿をしていたし、静岡県出身の芹沢信雄はスキーの国体選手だった。最近では、石川遼がオフになると新潟でクロスカントリー合宿を行なっている（まだはじめたばかりなので、腕前はわからないが……）。

スキーの上手い人がゴルフも上手いのには、もっともな理由がある。

ひとつは、どちらも体重移動とバランス感覚が大切だということ。スキーで回転するためには、つねに谷側の足に加重しなければならないが、連続して回転するためには、右足から左足、左足から右足への体重移動が欠かせない。これはゴルフの体重移動に共通する。

ふたつめは、どちらも股関節の動きが上達のカギを握っているという点である。スキーヤーが谷足に加重するときは、谷側の股関節がぐっと折れる。これは、ゴルフでいう〝股関節が入った〟状態で、股関節に柔軟性がないとスキーは上手くならない。これはゴルフとまったく同じだ。

このほか、ゴルフもスキーも自然を相手にしていること、クラブやスキー板などの道具を使うことなどの共通点がある。

冬、北風にさらされながら、カチンカチンに凍ったグリーンでゴルフをするくらいなら（それはそれで楽しいものですが）、たまにはスキー場に行ってみてはいかがだろう。ゴルフとの共通点を考えながら滑れば、きっと発見があるはずである。

筋力を鍛えればゴルフは上手くなるか

〈誤った鍛え方〉

デイビット・デュバル。1999年にそれまで世界ランク1位だったタイガー・ウッズを抜いて、世界ナンバーワンゴルファーになった男である。

ところが、タイガーのライバルといわれたのはわずか1～2年。デュバルは、まったく試合に勝てなくなり、やがては予選落ちばかり。数年で世界ランクは300番台にまで落ちてしまった。

その理由として指摘されたのが、過度の筋トレとダイエットである。タイガーの登場によって、アメリカのプロゴルフは〝アスリートたちによるゴルフ〟に変わった。その流れに乗り遅れまいとしたデュバルは、筋トレとダイエットに邁進《まいしん》。一時は人相まで変わるほどの変身ぶりだったのだが、これがスイングに悪影響を及ぼしてしまったのだ。

ゴルフのスイングは、上半身と下半身のバランスがひじょうに大切だが、間違った筋トレをすると、そのバランスが崩れる。下半身や体幹を鍛えるのはいいが、上半身まで筋骨隆々《りゅうりゅう》のマッチョになってしまっては、それこそ腕の力に頼ったスイングになりかねない。そこまではいかなくても、体に筋肉がつくと、ヘッドスピードが速くなりすぎて、ヘッドの走り方がそれまでの自分の感覚とは違ってくる。それでインパクトのタイミングが狂うこともある。

体の柔軟性にしても、その目的は関節の可動域を増やすことにある。だからといってグニャグニャな体になっては、スイングの軸が不安定になることもある。また、ストレッチのやりすぎで、腰を痛める人もいるが、これでは本末転倒である。

また、ゴルフはリストが強いほうがいいからと、手首の関節ばかり鍛えようとするのも害のほうが大きい。ひとつの関節だけを鍛えても、意味がないどころか、スイングの流れを断ち切ることになる。ゴルフのためのトレーニングは、つまるところ、あらゆる意味で「バランス」が大切。それは、スイングと同じなのだ。

「気持ちのいいスイング」を体現するために

〈筋力と柔軟性〉

あなたはナイスショットしたときの感覚を覚えているだろうか。そのときの感じを文章で再現すれば、おそらくこんなふうになるはずである。

「そのときだけは不思議に力みがなく、体の回転とともにクラブヘッドが自然に落下していった。ボールは、まさにスイングの軌道上にたまたまあったという感じで、ヒットしたという感じがない。ただ、体がスムーズに回転し、それに腕と手とクラブがついていっただけ。実際、手にはなんの衝撃もなく、なんだか物足りないくらいなのだ。

しかし、ふと気がつくと、そうと意識していないのに、クラブはあるべきフィニッシュの位置に納まっている。そして、フィニッシュの形をずっとキープしながら、思い描いた球筋どおりに飛んでいくボールを見つづけていられた……」

そのときの感じを、ひと言でいえば、たぶんこうなる。

「ああ気持ちがいい！」

ナイスショットしたときのスイングというのは、端《はた》からみていても、力感はあまり感じないものだ。ただ、軸が動かず、全体の動きにゆるみがなく、シャープに体が回転しているから、締まってみえる。こういうスイングは、当人だけでなく、みているほうも「気持ちがいい」。これは、ゴルフをやったことがない人でも同じ印象をもつはずだ。

なぜ「気持ちがいい」のかといえば、体のすべてのパーツが、どこにもプレッシャーや詰まった感じがなく、完璧なタイミングで滑《なめ》らかに連鎖していったからだ。

この一連の動きは、ゴルファー自身には「なんの違和感もなく体が思ったとおりに動き、イメージしたとおりの球筋のボールが打てた」という歓《よろこ》びを与えてくれる。その歓びはみている人にももたらされる。「美しいものをみた」という歓びである。

しかし、スイング中に一か所でも無駄な力が入ると、スイングが台無しになる。台無しにならないまでも、少なくとも「気持ちがいい」とは思えない。どこか違和感があるのだ。

ゴルファーは、この違和感にじつに敏感である。だから、プロゴルファーのなかには、結果は1ピンに寄ったようなナイスショットでも、違和感があるかぎり満足しない。違和感＝不快感なのだ。

クルマの運転にたとえれば、静かにカーブに入り、加速しながらカーブから抜けるはずが、ギアチェンジのタイミングを間違えたり、ハンドルを切りすぎたりしてギクシャクした走りになってしまったときの不快感と同じとでもいえばいいか。

本当に「気持ちがいい」スイングというのは、めったにあるものではないが、ゴルファーたるもの、目指すのはそういうスイングの再現性を高めることのはずだ。

たしかに「ゴルフは上がってナンボ」。スコアメイクにはスコアメイクの極意《ごくい》があり、気持ちのよくないスイングしかできない日でもそこそこのスコアで回るのが、本当にゴルフの上手い人なのかもしれない。

しかし、「ゴルフをしていてよかった」「ゴルフをつづけたい」という思いをもたらしてくれるのは、やはり「気持ちがいい」スイングができたときのはずである。

「気持ちがいい」スイングをするためには、これまで述べてきたような最低限の筋力と体の柔軟性が必要であることは、すでに十分おわかりだと思う。あとは、あなたがそのための努力をするだけなのだ。

4章

●ここ一番に強く、崩れなくなる——

メンタルの科学

実力を発揮できない
原因を知る、
ラウンド中の
なるほど心理学

〈緊張回避の知恵〉

プレッシャーがミスを呼ぶ3つの理由とは

プロ・アマを問わず、ゴルフほど「プレッシャー」という言葉が使われるスポーツはない。たとえば、アマチュアの場合はこんな具合だ。

・スタートホールで「上手《うま》くティーショットが打てるか」というプレッシャー。
・グリーン手前の池をみて、「池に入れないように打とう」というプレッシャー。
・「このホールをパーで上がれば、ベストスコア」というプレッシャー。
・「このパットを入れれば、初の80台」というプレッシャー。

ゴルフはまさに「プレッシャーとの闘い」。そこで、メンタル・トレーニングの専門家は、「プレッシャーをなくす方法」や「プレッシャーを楽しむ方法」を伝授してくれる。しかし、それでもアマチュアゴルファーの大方は、プレッシャーをゼロにすることはできないし、まして楽しむという境地に達することはなかなかできないものだ。

こんなときは、プレッシャーを感じていることをあっさりと受け入れ、プレッシャーを感じているときは、いつもとどうスイングが変わるのか、ということを知っておくことがもっとも賢明だろう。

危険な兆候を事前に察知しておけば、手の打ちようはある。そうすればミスショットの確率が減り、やがてはプレッシャーに対しても「どうぞいらっしゃい」という心境になる。「プレッシャーを楽しめ」とはよくいわれるが、そのためには、プレッシャーのなかでもミスしないだけの技術が必要なのだ。

というわけで、以下はプレッシャーを感じているゴルファーに多くみられるスイングの変化である。

1・グリップを強く握る

プレッシャーを感じているゴルファーは、身体《からだ》の末端から〝血の気《け》が引いた〟状態になり、手の感覚がなくなってくる。そのため、よりしっかりグリップを握ろうとして、必要以上にグリップを強く握ってしまう。グリップを強く握れば、どうしても腕→肩に力が入る。そうなれば、まずナイスショットは望めない。

プレッシャーを感じていると自覚したときは、大きく息を吐いて、肩の力を抜き、グリップの握りをゆるくすることだ。それだけでミスショットの確率はぐっと減る。

2・打ち急ぐ

プレッシャーの正体は「失敗するかもしれない」という恐怖心だ。そのため、「早

【プレッシャーによるミスを防ぐコツ】

プレッシャーを自覚したら…

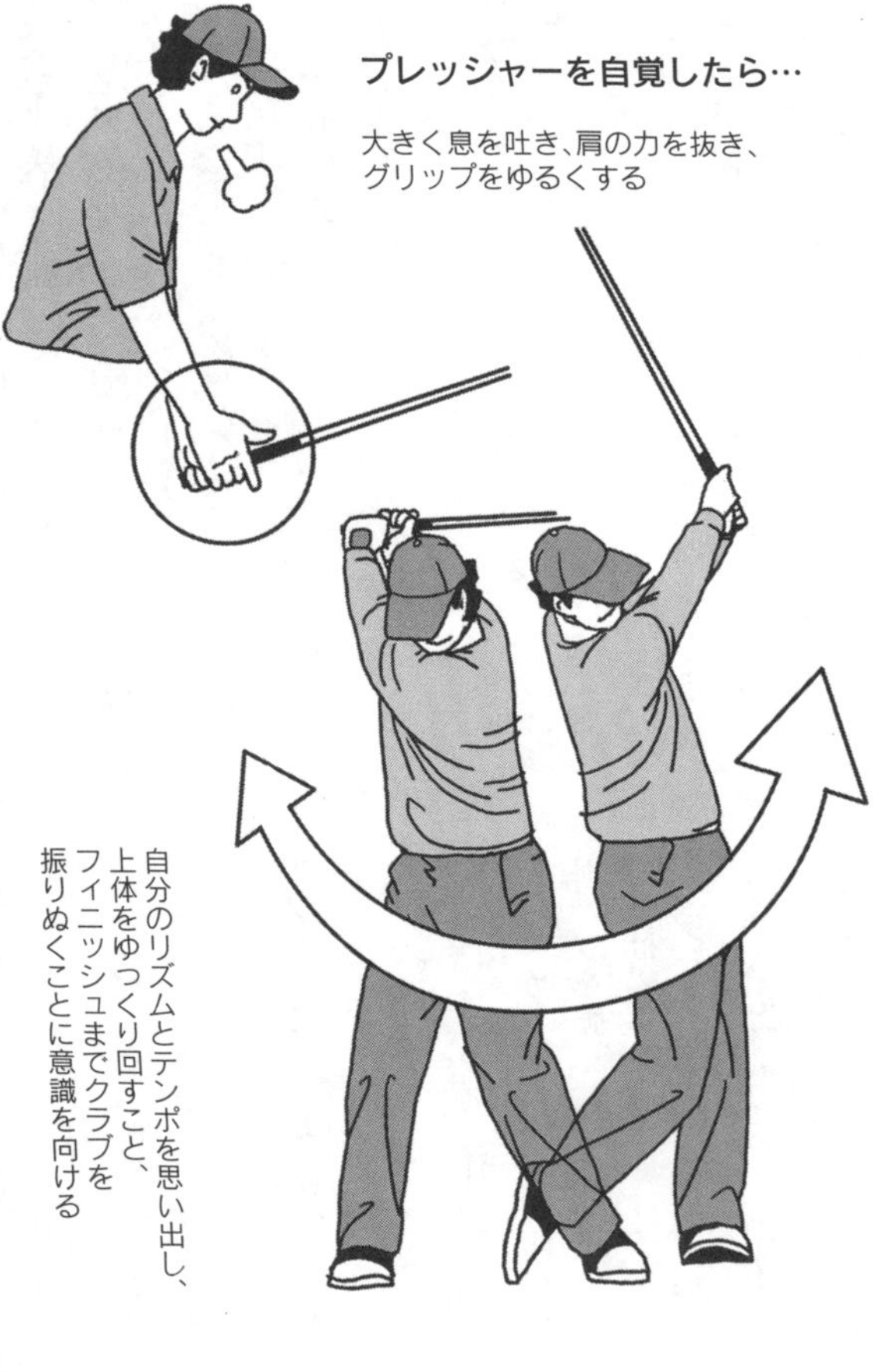

大きく息を吐き、肩の力を抜き、
グリップをゆるくする
自分のリズムとテンポを思い出し、
上体をゆっくり回すこと、
フィニッシュまでクラブを
振りぬくことに意識を向ける

くこの恐怖から逃れたい」「早く結果をみたい」という気持ちが無意識のうちに起き、肩の回りが浅くなったり、トップからの切り返しが早くなったりする。

プレッシャーを感じているときこそ、ふだんの自分のリズム・テンポを思い出そう。そして、上体をゆっくりと深く回すことだけを意識するのだ。

3・当てにいく

ゴルフのスイングは、どんな場合も、ヘッドが加速しながらインパクトを迎えなければならない。ところが、プレッシャーを感じているゴルファーは、インパクト前にヘッドが減速してしまうことがある。「うまくボールにヒットしないのではないか」という不安があるため、「当てにいって」しまうのである。

こういう悪癖があるゴルファーは、とにかくフィニッシュまでクラブを振り抜くことだけを意識するといい。いつもどおりのスイングができれば、ボールにきちんと当たる。自分を信じられないときは、プロだってミスをするのだ。


さて、1～3は、じつはほとんどの場合、同時に起こる。ということは、プレッシャーを感じているときは、「グリップをゆるく握り、しっかり上体をひねって、打ち急がず、フィニッシュまでクラブを振り切る」ことだけを考えればいい。

結果は気にしないこと。ミスショットしたところで殺されるわけではない——最後はそんな開き直りも大切である。

18気分のムラなくホールを回れるか

〈気分の反転〉

ゴルフのラウンドでは、感情は平坦であれば平坦であるほどいい。

ミスしてクラブを叩きつけたり、ロングパットが決まって派手なガッツポーズをしたり。まあ、タイガー・ウッズや石川遼なら絵になるし、そうすることで気合が乗って、どんどんスコアを伸ばすのがプロというものだろうが、アマチュアがいいスコアで回りたいのなら、彼らのマネはしないほうがいい。極力、気持ちを一定にしていたほうがスコアはまとまるのだ。

イギリスのハドソンとウォーカーという心理学者が、マッチプレーの試合に出場した大学生ゴルファーを面接調査したところ、上位の選手は、つぎのような「気分」を一貫してもっていることがわかった。

・**目標志向**

何かを達成したいという前向きな気持ち。

•順応的態度

みなが求める価値を自分も求めるという素直な気持ち。「スコアなんかどうでもいい」というヘソ曲がりな態度はみせない。

•自己志向

よい結果も悪い結果も自分次第、と感じるような気持ち。

〝よい子〟ならぬ〝よいゴルファー〟といったところだが、ポイントは、こうした模範的ともいえる気分が、ひとつのOBやアンプレイアブルのような不運によって、「もうここからは練習ラウンドだ」のように、あっさりと反転してしまうという点にある。

さらに興味深いのは、この気分の反転は、いいプレイをしているときにも起きるということ。一つは模範的なゴルファーを演じることに飽きてしまった場合。もう一つは、「いつまでもこんないいゴルフがつづくはずがない」と萎縮《いしゅく》したり、逆にツキを試すつもりで冒険したりするケースだ。

いずれにしても、気分が反転した瞬間から、そのゴルファーのプレイは雑になる。かくしてそのラウンドは、ずるずるとボギーやダボを重ねるというわけだ。

逆にいえば、ラウンド中、ずっと一つの気分で通すということはかなり大変なこと。タイガーが怒ったりガッツポーズをとるのは、じつはそうすることで一時的に高揚した気持ちを吐き出し、できるだけ早く平静になるためなのだ。

いつまでも怒りを抱えていたり、喜びに浸っていたりすれば、それだけでふだんどおりのプレイなどできるはずがない。

その意味でいうと、どんなにいいラウンドでもボヤきつづける久保谷健一プロは、一喜一憂しないという意味ではプロ中のプロといえる。

「デッドに狙う」と集中力が高まる ―〈罠にハマる理由〉

ゴルフはターゲットスポーツ。ダーツやアーチェリー、射撃などがそうであるように、すべては「的を凝視する」ことからはじまるものだ。

ところが、アマチュアゴルファーの多くは、この基本のなかの基本ともいうべきことができていない。凝視するのは地面にあるボールばかりで、肝心の的（ピンやフェアウエイの落としどころ）をろくに見ていないのだ。

プロゴルファーとアマチュアゴルファーに、目の焦点位置を調べるアイカメラをつけ、グリーンを狙うとき、どこを見ているかという実験が行なわれたことがある。

それによれば、プロの目は「グリーン面上のボールの落としどころ」に焦点が置かれていたのに対して、アマチュアの視線は「グリーン面だけでなく、バンカーや左右のラフ」をさまよっていた。それでも、最終的に「落としどころ」に落ち着けばまだいいのだが、その落ち着く時間を十分にとらないままスイングを開始していることもわかった。

これではグリーンに乗せること、ましてやピンにからむようなショットは、偶然の産物でしかない。狙っていないところにボールを運ぶのは、バスケットボールでいうところのノールックパスと同じ。一種の職人芸だが、そんな技量がアマチュアにあるはずはない。

なぜ、アマチュアはそんな職人芸も持ち合わせていないのに、ボールの落としどころを凝視しないのか？

それは、バンカーや左右のラフが気になるからである。

つまり、このときのアマチュアゴルファーの意識は、「グリーンのあそこを狙おう」ではなく、「グリーン手前のバンカーには入れないでおこう」ということにある。ましてや、グリーン回りのハザードが池だったりすれば、「池に入れないでおこう」という意識は、ますます強まるはずである。

もちろん、プロも、グリーンを狙うときは〝打ってはいけないところ〟はかならずチェックする。そして、最悪でもそういうところにボールがいかないような球筋と打ち方を考えたりもする。

しかし、こうして対策をこうじてしまえば、あとはボールの落とし場所に集中するだけ。極端にいえば、その段階では、プロの視界からはバンカーや左右のラフが消えているのだ。

トム・カイトやベン・クレンショーを育てた名伯楽《めいはくらく》として知られるハーヴィー・ペニックの言葉に、「Take dead aim」というものがある。

これは、たとえばグリーンを狙うショットなら、「グリーンの真ん中」というアバウトな狙い方をするのではなく、「ピン奥3ヤードにキャリーさせて、バックスピンで戻す」のように、ターゲットはぎりぎりまで（デッドに）絞れという意味。なぜなら、的を絞ることによって、はじめて、スイングに必要な集中力がわいてくるからだ。

実際にそういう小さな的にボールを運べるかどうかは関係がない。プロであれアマであれ、ゴルフにおける最終的な的は直径108ミリのカップ。そこを狙わないのでは、もはやゴルファーとはいえないという話なのである。

ミスショットの連鎖が起こる心理的な理由とは
〈我慢のゴルフ〉

「バンカー・トゥ・バンカー」や「ラフ・トゥ・ラフ」という言い方がある。前者はクロスバンカーから打ったボールがグリーン回りのバンカーに入ること、後者はラフから打ったボールがまたラフに入るという意味だ。

まさに「ミスショットはミスショットを呼ぶ」というところで、ゴルフではこうした〝ミスショットの連鎖〟がしばしば起こる。

理由としてよくいわれるのは、ひと言でいえば「無理をするから」。

たとえば、深いラフにあるボールを「無理して」打てば、ボールはラフに負けてグリーン手前のバンカーに入ったり、あるいはフライヤーしてグリーン奥の寄らないラフに入ったりする。だから、こんなときは「無理しない」で、とりあえずフェアウエイに出し、そこからグリーンを狙えというのが大方の先達《せんだつ》たちの教えだ。

もう一つ、ミスショットの連鎖が起こるのは〝失敗の記憶〟がよみがえるからでもある。林に入れたボールを出そうとして、また木に当たってしまう――ゴルファーなら、何度もそういう経験があるはずだが、実際に林に打ち込んでしまうと、その悪夢がよみがえってくる。

そうなると、ゴルファーは「またキンコンカンをやるかも」というイヤな予感が頭をかすめ、それだけでふだんのスイングができなくなる。これもミスがミスを呼ぶ原因といえる。

ミスショットの連鎖を起こさないためには、失敗は誰にでもあることだと素直に受け入れ、ペナルティーを払うつもりで、「無理しない」こと。「無理をする」のは、無理が無理でなくなるような技量を備えてからだ。

また、前のホールでダボやボギーを打つと、すぐにパーやバーディを狙うゴルファーがいるが、これもミスショットの連鎖を呼びやすい。

ダボやボギーを叩いたということは、ショットのタイミングがズレはじめているか、あるいはプレイ自体の流れが悪くなっている兆候。そのズレや悪い流れを元に戻すのには、ある程度の時間がかかるのだ。

ダボやボギーを叩いたつぎのホールは、ダボならまずはボギー、ボギーならパーで御《おん》の字だと考えよう。そうやって徐々にスイングを修正したり、流れを引き戻したりすればいい。

待てば海路の日和《ひより》あり。我慢のゴルフをつづけていれば、かならずバーディチャンスがやってくるはず。ミスを挽回《ばんかい》するのは、そのときでいい。

ショット前のつぶやきはこんな言葉が効果的
〈mustでなくdo〉

タイガー・ウッズは、パッティングのアドレスに入る前に、なにやらつぶやいていることがある。

あいにく読唇術（それも英語の！）ができないので、なにをつぶやいているのかは不明だが、おそらくラインの確認やストロークの留意点などをつぶやいているのだろう。

アマチュアでもショットやパッティングの前に、「切り返しはゆっくり」とか、「カップを見るなよ」などとつぶやいている人がいるはずである。

こうした自分への語りかけは、心理学では「セルフトーク」と呼ばれており、ポジティブ思考を実践する際の有力な方法として知られている。

ただし、セルフトークにはコツがある。それは「must」ではなく「do」になるような文章をつぶやくということだ。

「must」とは、「ねばならない」という意味。たとえばパットなら「これを入れなければならない」となる。「これを入れないと負け」も、けっきょくは、だから「入れなければならない」となるから同じ、mustを使った文章と考えていい。

しかし、こうしたつぶやきは、ニュアンスとしては命令文と同じ。自分で自分にプレッシャーをかけているようなもので、逆効果になることのほうが圧倒的に多いのである。

その点、「do」を使った文章は、「〜する」という単純な肯定文となり、パットなら「芯で打つ」「カップは見ない」のような文章になる。

「打つ」や「見ない」に、まだ命令口調のニュアンスを感じるようなら、「打ちましょう」でも「打とうね」でもいい。

あるいは、「見ない」という言い方は「don't」だから、ネガティブな要素が入り込む。そこで、「カップは見ない」→「ボールだけを見る」のように肯定文に言い換えたほうがいいという心理学者もいる。

いずれにせよ、こうした肯定的なつぶやきは、ゴルファーにプレッシャーをかけない。むしろ、「その留意点だけ実行すればカップインするのだ」という自信を与えてくれるから、スイングやストロークがスムーズにできるというわけだ。

自分で自分にする"ワンポイントレッスン"

〈セルフトークの効用〉

セルフトークについては、言い方だけでなく、トークの内容に関しても興味深い実験結果がある。

アメリカで、80人のゴルファーを4つのグループに分け、50ヤードのアプローチショットを30回打たせるという実験が行なわれた。4つのグループは、ショットの前のセルフトークの内容によって、つぎのように分けられている。

1・ポジティブなセルフトークをいうグループ（例「今日は絶好調だ」「このアプローチは簡単だ」）

2・ネガティブなセルフトークをいうグループ（例「今日は調子が悪い」「油断するとザックリやりそうだ」）

3・教示的なセルフトークをいうグループ（例「体の回転で打とう」「切り返しはゆっくり」）

4・セルフトークなしのグループ

結果は、もっともショットが安定していたのは、3の「教示的セルフトーク」をつぶやいたグループで、1はふつう、2と4は劣っていることがわかった。

また、内容はともかく、何種類ものセルフトークをしていたゴルファーも、成績は芳《かんば》しくなかった。

「教示的セルフトーク」とは、すでにおわかりのように、これから実行すべきショットなりパットなりの留意点を文章にしたもので、タイガーがおそらくそうしていたように、やはり効果があるのだ。

ただし、その留意点はワンポイントでないと逆効果だろう。なぜなら、人間は、「同時に二つ以上のことを意識しながら、一つの動作をする」ということがとても苦手だからだ。そのことは、何種類ものセルフトークに効果がないという実験結果からもおわかりだと思う。

というわけで、次回のラウンドでは、留意すべきポイントを一つにしぼった言葉をつぶやきながらラウンドしてみてはいかがだろう。

ラウンド中はスイングのことを考えてはいけない理由
〈自縄自縛の心理〉

ゴルフに対する向上心が強い人には、レッスン書を山ほど読んだり、プロや上級者のアドバイスに素直に耳を傾けたりするタイプが少なくない。

これはけっして悪いことではない。どんなスポーツでも上達する人は〝素直さ〟をもちあわせている（ときには頑固さも必要だが）。

まあ、同じプロでも、いうことが逆だったりするのがゴルフ理論だから、そのあたりは取捨選択《しゅしゃせんたく》するなり、一つの理論だけを信じるなりするしかないのだが、問題はそういうゴルファーは、ラウンド中にひとつのミスショットをきっかけに突如としてスイングが乱れてしまうということにある。

理由は、こうしたゴルファーは一回でもミスショットが出ると、その原因をあれこれ分析しはじめてしまうからだ。

この手のゴルファーの頭のなかには、さまざまなゴルフ理論が詰まっている。べつな言い方をすれば、ちょっと頭デッカチになっており、ミスショットが出ると、「いまのショットは、クラブをインサイドに引きすぎたから？」とか、「いや、コックのタイミングが速かったからかもしれない」とか、「待て待て。そうではない。右の股関節に体重が乗っていないのがそもそもの原因なのだ」とか、頭をフル回転させて、ミスショットの原因究明にあたろうとする。

それで、本当の原因がわかり、あるポイントを直すだけでショットがよくなるのなら結構な話だ。実際、スイング理論がしっかりして、なおかつ体もそのとおりに動かせるプロなら、ラウンド中にスイングを修正することは可能だろう。

しかし、スイング理論も中途半端で、なおかつ運動能力も劣るアマチュアでは、そういうことはめったにない。

結果、Aの対処法がダメとなると、今度はB。Bもダメなら今度はC……という具合に、自分で自分のスイングを、あれこれいじくりはじめることになる。

しかし、そうやってスイングをあれこれ分析したり、対策を講じたりしているうちに、結果が出ないまま、その日のラウンドは終わってしまう。そして、無残なスコアカードだけが残る。

自縄自縛《じじょうじばく》というか。歩き方を注意されたとたん、右手と右足が同時に出るような歩き方になってしまう子どもと同じだといえばいいか。

ミスショットの原因を究明しようと、あれこれ分析するのは、けっして悪いことではない。しかし、それは本来、練習場でやるべきことだ。

ラウンドでのショットは1回きり。それで修正した結果を出そうとするほうがおかしい。コースで〝スイング改造〟をやってしまった日には、スイングがバラバラになるのも当然なのである。

いや、きっかけはミスショットだけではない。同伴プレーヤーから「トップの位置が素晴らしい」とほめられたとたん、トップの位置が気になって、スイングがおかしくなるゴルファーもいる。これもまた、まだスイングができていないアマチュアゴルファーの悲しさとでもいおうか。

ミスショットが出たら、反省点は「ちょっと力んだ」「ちょっとタイミングが悪かった」くらいで十分。それ以上の分析は、ラウンド後の練習場ですればいい。

最後にもう一度いう。ラウンド中にスイングについて考えてはいけないのだ。

アマでも「ゾーン」に入ることは可能だ
〈自分を分析せよ〉

なにも考えずに、気持ちよくクラブを振り切ると、ボールは250ヤード先のフェアウエイにある。ピンまでの距離をキャディさんにたずねることもなく、見た感じのまま7Iを抜き、さっと打つ。ボールはイメージどおりの軌跡を描いてグリーンへ。カップまでの距離は4メートル。ラインはざっとだけ読んで、スムーズにストロークすることだけを意識する。すると、芯でとらえられたボールはきれいに回転しながら、ど真ん中からカップイン——「ゾーンに入る」とは、おそらくこういうことが何ホールもつづくことなのだろう。

余計なことは考えず、感じたままに、リズムよくスイングする。石川遼が２０１０年の中日クラウンズ最終日に「58」で回ったときは、テレビでみていてもまさにこんな感じだった。当人へのインタビューによると、ラウンド中は夢のなかにいるようでプレイの詳細はあまり覚えていないとか。まあ、これが「ゾーン」というものなのだろう。

アマチュアにとって、こうした「ゾーンに入る」などということは、それこそ夢のまた夢だろうが、10回のラウンドのうち1回くらいは、神がかりとはいわないまでも、いいプレイができることがある。

ここでは、それを「ゾーン」と呼ぼう。そして、ここでは、その「ゾーン」に自ら入るためにはどうすればいいかを考えてみたい。

じつは、近年のスポーツ心理学では、「ゾーン」は特別な才能をもった選手だけではなく、一般のアマチュアにもあり、コンディションの調整などによって「ゾーンに入る」ことが可能だといわれている。「58」というスコアはどう転んでも無理だとしても、あなたなりの「ゾーンに入る」ことはけっして夢ではないのだ。

まず、過去の「ゾーン」で、あなたはどんな気分でラウンドしたかを思い出してみてほしい。

朝からやる気マンマンだったのか、それとも最初はあまりノッていなかったのが4ホール目あたりからエンジンがかかってきたのか。

同伴プレーヤーとはよくおしゃべりをしたのか、それともあまりしゃべらなかったのか。

クラブは気持ちよく振れたのか、それとも調子が悪いなりにうまくスコアをまとめたのか。

そんなふうに振り返ってみると、たとえば「やる気はほどほどで、ムダ話はあまりせず、スイングは絶好調ではなかったが、リズムだけはよかった」ときに、自分が「ゾーン」に入っていた、ということがわかってくる。

それがわかれば、次回からのラウンドでは、かつてゾーンに入ったときの気分や態度を再現すればいいというわけである。

一種のセルフ・コントロールだが、単に「リラックスしよう」とか「力むな」など、万人向けのアドバイスを自分に言い聞かせるよりは、ずっと効果があるはず。

なぜなら、それはあなた自身が発見した、あなただけの「ゾーン」に入るための方法なのだから。

スランプをどう考えたらいいか

〈プラトー期の越え方〉

どんなスポーツ、いやスポーツだけでなく、ピアノでも語学学習でも、あらゆる技能の習得には、かならずスランプが訪れる。それは上達のための、いわば準備期間。スランプを自覚していたり、伸び悩んだりしているゴルファーは、まずこの事実を知ってほしい。

学習心理学では、このスランプのことを「プラトー」と呼んでいる。プラトーとは「高原」という意味で、技能の習得過程を山にたとえると、スランプの時期は、山腹にある高原のようにみえることからこう呼ばれる。

ゴルフでは、いわゆる〝90の壁〟や〝80の壁〟が、このプラトーにあたる。100を切ってからは、トントン拍子で95、93、91というスコアが出て、90切りは時間の問題だと思っていると、そこからがなかなか伸びない。

練習はちゃんとしている。スイングは確実によくなっているという手応えはあるし、アプローチだって、以前のようなザックリをすることが減っている。なのに、なかなか90が切れない。いや、それどころか、最近のスコアは93～95あたりを行ったり来たり。むしろ、1～2か月前より、下手になっているような気がする——プラトーの時期にいるゴルファーの気持ちはこんなところだろうか。

一般にプラトーの時期は、たとえ技能は目にみえるほど上達はしていなくても、下降しているということはない。ただ、当人が下手になったような気がするのは、努力に見合うだけの上昇が得られないからだとされている。

とくに向上心の強いゴルファーほど、「下降していない」ということに満足できないから、焦ったり、やる気を失ったりする。

しかし、この時期は、すでに述べたように、つぎのステップに進むための準備段階であり、上達のためには欠かすことのできない貴重な時間。それは単なる慰めでいうのではない。

たとえばパッティングでいえば、プラトーの時期というのは、ゴルファーが意識しているかどうかは別にして、つぎのことをするための時期なのだ。

1・パッティングについての知識・経験則を整理する。

2・いつも同じストロークができる技術を安定化させる。

3・ラインを読む↓タッチをイメージする↓アドレスに入る↓プレショットルーティンをする↓ストロークする、が一つのまとまった単位としてスムーズにできるようにする。

4・3の過程を、どんな条件のときでもプレッシャーを感じないでできるようにする。

これだけの課題をこなさなければならないのだから、ある程度の時間がかかるのはやむをえない。

というわけで、プラトーは停滞ではあっても、下降ではない。

「ゴルフの練習は明日のラウンドのためではなく、1年後のラウンドのためにある」とよくいう。

焦ったり、クサッたりするのは禁物。「後退していなければ、前進している」「このプラトーを乗り越えれば、1年後は、当たり前のように80台で回れる」と信じて、努力をつづければ、かならず一つの山や壁を越えられるはずだ。

電車やベッドでできるゴルフの〝脳トレ〟

〈イメージ能力の鍛錬〉

ピアニストの卵はピアノのないところでもピアノの練習をするとよくいわれる。楽譜をみながら指を動かしたり、あるいは楽譜がなくても、頭のなかでその曲を弾くのだ。そうしているうちに、鍵盤を押すタッチが指先によみがえってきたり、タッチの違いによるピアノの微妙な音色が自分の耳に聞こえてきたりするという。

これはイメージ・トレーニングの一種で、とくに音楽やスポーツなどの技芸をマスターするためには欠かせないトレーニングといわれている。

なぜなら、このトレーニングは人間のイメージ能力を鍛えることになるからだ。イメージ能力が優れていれば、一連の体の動きを一つのコードとして脳にインプットすることができる。

これは、前項で述べたプラトー期の3と4に該当する。ゴルフのスイングでいえば、頭のなかでスイングを再現してみることは、実際のスイングにも大いに役立つ。しかも、頭のなかなら設定は自由自在だから、「クラチャン決勝の最終ホール」のようなプレッシャーのかかる場面を想定して、そこで「入れれば勝ち」というシビれるパットの練習だってできる。

ただし、アマチュアゴルファーで、頭のなかで正しいスイングやストロークができるのはシングルクラスのゴルファーだけだろう。

ためしに、いま、あなたの頭のなかで自分の理想とするスイングを再現してみてほしい。主役のゴルファーは、あなた自身でも、タイガーでも石川遼でもいい。アドレスからテイクバック、トップ、インパクト、フィニッシュ……。

クラブの重みを感じながら、スムーズにフィニッシュまでクラブを振り抜くことができただろうか？

そして、そのときのインパクトの感触や左右の足にかかる圧力の違い、背筋の伸びなどが実感できただろうか？

あるいは、スイング中、あなたにはボールがどんなふうに見えていただろうか？そして、そのボールは、インパクト後、あなたがイメージしたとおりの球筋で飛んでいっただろうか？

おそらく、シングルにまで到達していないゴルファーは、スイングのどこかに霞《かすみ》がかかったようなあやふやなところがあったはずである。たぶんそれは、クラブをリリースするあたりからインパクト直後までの体と腕の動きのはず。プロでも、このインパクト前後の体と腕の動きは無意識にやっているというケースが多いから、アマチュアが頭のなかで再現するのはむずかしいのだ。

あやふやな部分がどこであっても、その部分は、あなたの実際のスイングでもあやふやだということ。つまり、そこがクリアにならないかぎり、あなたのスイングはよくならないことがおわかりだろう。

といっても落胆することはない。自分のスイングにはあやふやな部分があるということがわかっただけでも、このイメージ・トレーニングをやった意味がある。

スイングがイメージできない部分は、プロのスイング映像を何度も見るなりして、頭に叩き込めばいい。その際、スイングの形だけでなく、体のどこに力が入って、どこを脱力しているかも正しくイメージすることが大切で、それについては、3章をもう一度読んで確認していただきたい。

理想のスイングをするためには、少なくとも頭のなかではその理想のスイングができていなければならない。それではじめて、実際のラウンドでも「いまのスイングはイメージと違った」ということが実感できる。そして、その違和感が反省材料となって、つぎの練習のテーマがみつかる。ゴルフの練習とはそういうものだ。

頭のなかで理想のスイングを再現するトレーニングは、電車のなかでもベッドのなかでもできる。

頭のなかで何度もスイングをくり返せば、実際の素振りほどではないにせよ、自分の体（筋肉）に正しい動きを記憶させることにもなる。

とくにラウンド数の少ないゴルファーには、ぜひともおすすめしたい〝脳トレ〟である。

テレビを見ながらゴルフが上達する方法①

〈プロの技術を盗む〉

アメリカのＰＧＡも含めれば、ほぼ一年中開催されているプロのトーナメント。ゴルフの専門チャンネルが視聴できる人なら、毎週のようにプロの試合が楽しめるわけだが、どうせプロの試合を見るのなら、つぎのことに留意してテレビ観戦してみてはいかがだろう。

まずは、プロの技術を盗みたいとき。

ゴルフのトーナメント中継というと、ついついショットの〝結果〟が気になって、ボールの行方ばかりを目で追ってしまうが、プロのスイング映像から彼らの技術を盗みたいと思うのなら、体の一点だけを見ていたほうがいい。

その場所は、グリップでも、右膝でも、腰でも、どこでもいい。すると、たとえば右膝だけを見ることにしたとして何人ものプロの右膝を見ていると、アドレスからトップまで、ほとんどのプロは右膝が動かないことに気づくはずだ。

「トップまでは右膝は動かすな」とは、たいていのレッスン書に書いてあることだが、何人ものプロの映像を見ることで、右膝を動かさないことの意味や重要性がわかってくる。文章で読まされると、さらりと流してしまいかねない重要事項が、「ああ、プロはみな同じことをやっているのだ」と実感することで、脳に強くインプットされるのである。

ゴルフ中継を録画しているのなら、何人ものプロのスイングをスロー再生して見るのもいい。すると、どんなプロにも共通している点と、プロによって違う点が見えてくる。

前者では、たとえば、インパクトのとき頭がボールより右にあるとか、アプローチのフィニッシュではグリップが左股関節のあたりで止まっているなど、いろいろある。そして、多くのプロに共通している以上、これらはスイングの大原則なのだと認識して、これも脳にインプットすることができる。

後者では、たとえばバックスイングで頭が右に10センチくらい動くプロもいれば、アドレスの位置から微動だにしないプロもいる。あるいは、トップの位置も、肩より20～30センチ高いプロもいれば、肩より低いプロもいる（とくにアメリカのシニアに多い）。そして、なるほどトップの高さとはゴルファーの柔軟性によっても、あるいは飛距離より方向性を重視するかしないかでも違ってくるのだ、ということが実感できるというわけだ。

こうした〝気づき〟は、一人のプロゴルファーが模範演技をみせるレッスン番組ではなかなか得られない。

とくに最近は、トーナメントのスタートホールを生中継することで、その試合に出ているすべてのプロのスイングを見比べることができる番組もある。プロの練習風景も含めて、スイングの研究にはもってこいの番組といえる。

テレビを見ながらゴルフが上達する方法②
〈メンタルタフネス〉

ゴルフ中継の観方には、優勝を争っているプロゴルファーの心を読みながら観るという方法もある。

たとえば、現在（2011年10月）世界ランク1位のルーク・ドナルドが2位に1打リードして、16番ホール（パー4）を迎えた場面があったとする。こんなときは自分がルーク・ドナルドになったつもりで、彼のプレーを追ってみるのだ。

「このホールのティーショットは、右のOBだけは避けようと考えるよな」

「ピンは左だから、2打目はグリーンの右に外れてもいいか」

「このバーディパットが入れば、優勝の確率は90％くらいか。プレッシャーがかかるな」

という具合に、ルーク・ドナルドの心を読みながら、彼のプレイを見守る。ときには彼になりきったつもりで、シャドースイングしてもいい。

これはルーク・ドナルドに強く感情移入をしていることになり、単に優勝の行方を見守っている視聴者より、一つ一つのプレイに対して強い情感を伴っているところがミソになる。

出来事というのは、強い情感を伴ったものほど記憶に残る。つまり、優勝争いというプレッシャーのなかにいるルーク・ドナルドに感情移入したあなたは、あなた自身が同じようなプレッシャーにさらされたとき、「ルーク・ドナルドならどうしたか」ということがすぐに検索できるということ。あとは、あなたがルーク・ドナルドになったつもりでスイングすれば、その成功確率はルーク・ドナルド並み、とまではいかなくても、かなり高まるというわけである。

あるプロゴルファーは、駆け出しのころ、こんなメンタル・トレーニングをしたという。テレビのゴルフ中継で優勝が決まるパッティングのシーンでは、自分もテレビの前でパターを握り、実況するアナウンサーの声に合わせて、パッティングをしたというのだ。

「ホントにシビれますよ」

と彼は笑っていたが、なるほど人間は、思い込むだけでけっこうその気になれる動物なのだろう。

しかも「そのおかげで、試合では何度もクラッチパット（勝負のパット）が決められました」というのだから、リハーサル効果もあったということになる。

あなたもパッティングの練習をするときは、「これを入れればクラチャン」とつぶやきながらストロークしてみてはいかがだろう。意外なほどドキドキするはずで、いつかかならずやってくるはず（?）の同じ場面で、かならずや役立つことを保証します！

5章

道具の科学

●ナイスフィーリングを維持できる――

あなたに合った
ギアと出合う、
クラブの
なるほど物理学

クラブ選びでは、なぜ「重さ」が最重要なのか

〈5Iの重量〉

新しくクラブを購入しようとするとき、あなたはどんな基準でクラブを選んでいるだろうか。この章では、ゴルフクラブを科学的見地から研究している加藤研一氏の人気サイト『ゴルフクラブ数値.com』(http://www.golfclubsuuchi.com)も参考にしながら、クラブ選びの〝正解〟を探ってみたい。まずは、ドライバーである。

ドライバーといえば、飛ばし。どんなゴルファーも「もっと飛ばしたい」から、買い換えのときは「もっと飛ぶ」と宣伝されるものに食指《しょくし》が動くのは当然だが、その前に、ドライバーを選ぶ際の大前提ともいうべき基準について説明しておこう。

その基本とは、「あなたが使っている5番アイアンの総重量(ヘッド+シャフト+グリップの重量)を調べ、それに合った重さのドライバーを選ぶ」だ。

ゴルフクラブを選ぶ要素としては、総重量のほか、バランス(スイングウエイト)、シャフトの長さや硬さ、キックポイントなどがあるが、もっとも大切なのは、そのクラブでスイングしたとき「気持ちがいい」と感じるかどうか。

そして、この「気持ちのよさ」を決めるもっとも大きな要因が「総重量」なのだ。

早い話が、重すぎるクラブは「とても振れない」し、軽すぎるクラブは「まったく頼りない」となる。これは、シャフトやヘッドの性能を云々する以前の問題といっていい。

ドライバーの前にアイアンの総重量が大切なのは、ゴルフでは圧倒的にアイアンを使用する機会が多いからだ。ゴルフクラブは、パターを除いた13本のクラブの重量差が適正でなければならない。

つまり、そのゴルファーにとってベストのアイアンが決まれば、おのずと適正な重量のドライバーも決まるのである。

では、どの程度の重さのアイアンがベストなのか?

昔からよくいわれるのは、「振り切れる範囲で重いクラブのほうが、スイングが安定する」ということだが、これは不変の真理といっていい。

軽いクラブは、最初のうちは振りやすく感じるかもしれないが、振り回しすぎて方向性が安定しなかったり、ひっかけが出やすい。とくにアイアンは、飛ばすクラブではなく、一定の飛距離と方向性が命。

そのためにも、プレーンが狂いにくい重めのクラブにしたほうがいい。カーボンシャフトなどの軽いアイアンにするのは、年をとって、18ホールそのクラブを振りつづける体力がなくなってからでも遅くない。

というわけで、男性で、ある程度体力に自信があるゴルファー（ヘッドスピードが45㍍/s以上のゴルファー）は、重めのスチールシャフトがおすすめだ。

たとえば、5I（38インチ前後）にダイナミックゴールドを装着すると、その総重量は430グラム前後。これは、市販のアイアンでは最重量クラスだが、アイアンがこれでOKとなれば、ドライバーも45インチで320～325グラムくらいのものがピッタリということになる。

「ダイナミックゴールド」が重すぎるというなら、「N.S.Pro950」などの軽量スチールシャフトを選んでみる（ヘッドスピードが40～45㍍/sのゴルファー向き）。

この場合は、5Iで400グラム前後になるから、それに見合ったドライバーは300グラム前後のものが合う。

以下、5Iの総重量からみたドライバーの適正な総重量を記しておくので参考にしてほしい（いずれも、5Iは38インチ、ドライバーは45インチとする）。

- 5I＝380グラム……ドライバー＝290グラム
- 5I＝360グラム……ドライバー＝270グラム
- 5I＝340グラム……ドライバー＝260グラム

長尺ドライバーはなぜ軽いのか

〈クラブセッティングの注意〉

前項では、ドライバーの長さをもっとも平均的な45インチとしたが、最近は46インチを超すような長尺ドライバーも出回っている。

長尺ドライバーは、1章でも述べたように、シャフトが長いぶんだけ遠心力が大きくなって飛距離が出やすいからだが、長尺ドライバーの総重量が軽いのはどうしてか？ それはひと言でいうと、「長くて、しかも重いクラブ」は振り切れないからである。

たとえば、45インチのドライバーで適正な総重量が320グラムだったゴルファーが、46インチのドライバーに買い換えようとした場合、その適正な総重量は310グラムと、10グラムほど軽めになる。

さらに47インチともなると、300グラム以下のドライバーにしないと、おそらくまともに振れないはずだ。

このように、クラブの総重量を重いと感じるかどうかは、シャフトの長さによってかなり変わってくる。

ゴルフクラブは、もっともシャフトが短いサンドウェッジ（SW）が全クラブのなかでもっとも重く、もっともシャフトが長いドライバーが全クラブでもっとも軽くなっている。これは、どのクラブも同じ感覚で振るためなのである。

ところが、アマチュアゴルファーのなかには、このシャフトの長さとクラブの重さの関係を無視したクラブセッティングを平気でしている人が少なくない。

もっとも多いのは、アイアンはよくても、ユーティリティ（UT）やフェアウエイウッド（FW）とのマッチングが悪いケースだ。

たとえば、もっとも軽いアイアンが5Iの400グラム（38インチ）だとした場合、4Iの代わりになるUTは、39インチで390グラム、42インチの5Wで340グラム、42・5インチの3Wで330グラム程度はなければならない。＋－《プラスマイナス》10グラム程度は許容範囲だが、アイアンとUTやFWの総重量差がありすぎたり、なさすぎたりすると、クラブによってスイングテンポが変わりやすい。軽すぎる場合はトップや左へのミスが出やすくなるし、重すぎる場合はダフリや右へのミスが出やすくなるのだ。

アイアンからウッドまで、同一メーカーの同一シリーズで揃えれば、まずそういうことはないはずなのだが、例外もある。特定のクラブだけがダフりやすいとか、トップしやすいという場合は、一度クラブの総重量をチェックしてみることをおすすめする。

「スイングウエイト」をクラブ選びに役立てよ——〈振りやすいのは?〉

ゴルフクラブのカタログには、「スイングウエイト」(バランスともいう)として、「D1」や「C9」などと表示されている。

これは、簡単にいうと、ゴルフクラブのヘッドの利き具合を示す数値。たとえば同じ300グラムのドライバーでも、ヘッドが重く、シャフトやグリップが軽ければ、そのクラブのスイングウエイトは重い、反対なら軽いということになる。

ヘッド側が軽いほうから、A、B、C、D、Eの5段階に分かれ、さらにそれぞれの段階で軽いほうから0〜9の10段階に分かれている。そして、「D1」や「C9」のように表示されるわけだ。

では、このスイングウエイト、クラブ選びにどう役立てればいいのか。

先に、スイングウエイトとはヘッドの利き具合を示す数値だといったが、その感じ方は、じつはゴルファーによって違う。それは、同じ筆記用具でも、ペン先が重い万年筆のほうが書きやすいという人もいれば、ペン先が軽いボールペンのほうが書きやすいという人もいるのと同じ理屈だ。

ゴルフクラブでも、ヘッドの重みを感じたほうが振りやすいというゴルファーなら、重めのバランスのクラブを使えばいいし、反対なら軽めのバランスのクラブを使えばいい。

また、同じシャフトを装着したアイアンセットの場合、すべてのクラブのスイングウエイトが同じほうが振りやすいという法則もある（ウェッジだけは重めのほうが振りやすいと感じるゴルファーが多いが）。

ただし、同じスイングウエイトなら、重いスチールシャフトのクラブでも軽いカーボンシャフトのクラブでも同じ感覚でスイングできるかというとそうではない。ふつうは軽いほうが振りやすく感じるはずで、スイングウエイトを比べるのは、あくまで同じ重さのクラブでなければならない。

一般に、上級者向けの重いクラブは、スイングウエイトも重め（D1以上）にしてあるものが多いし、女性向けのクラブは軽め（C4以下）にしてあるものが多い。とはいえ、スイングウエイトはゴルファーの感性に訴えるものだから、万人向《ばんにんむ》けの法則というものはない。

ただ、あえていえば、重めのスイングウエイトは、スイングテンポがゆったりとしたゴルファーに、軽めのスイングウエイトは、スイングテンポの速いゴルファーに向いているとはいえるだろう。

「スイングウエイト」を簡単に調整する方法

〈クラブの生かし方〉

せっかく買ったドライバーだが、だんだんヘッドが重く感じてきてうまく振り切れなくなってきた……。そんなときは、そのクラブをお蔵入《くらい》りさせたり、中古ショップに売ったりするのではなく、自分でスイングウエイトを調整してみてはどうだろう。

スイングウエイトの調整法については、いくつかの方法がある。

1・鉛を貼る

ヘッドのヒール部分（シャフトの付け根）に鉛を貼ると、スイングウエイトが増加する。同じ重さの鉛でも、クラブが長いほどスイングウエイトの増加率が高くなり、たとえば38インチのアイアンの場合、1グラムの鉛を貼るとスイングウエイトは約0・5ポイント、45インチのドライバーなら約0・6ポイント増加する。

【スイングウエイトの調整法】

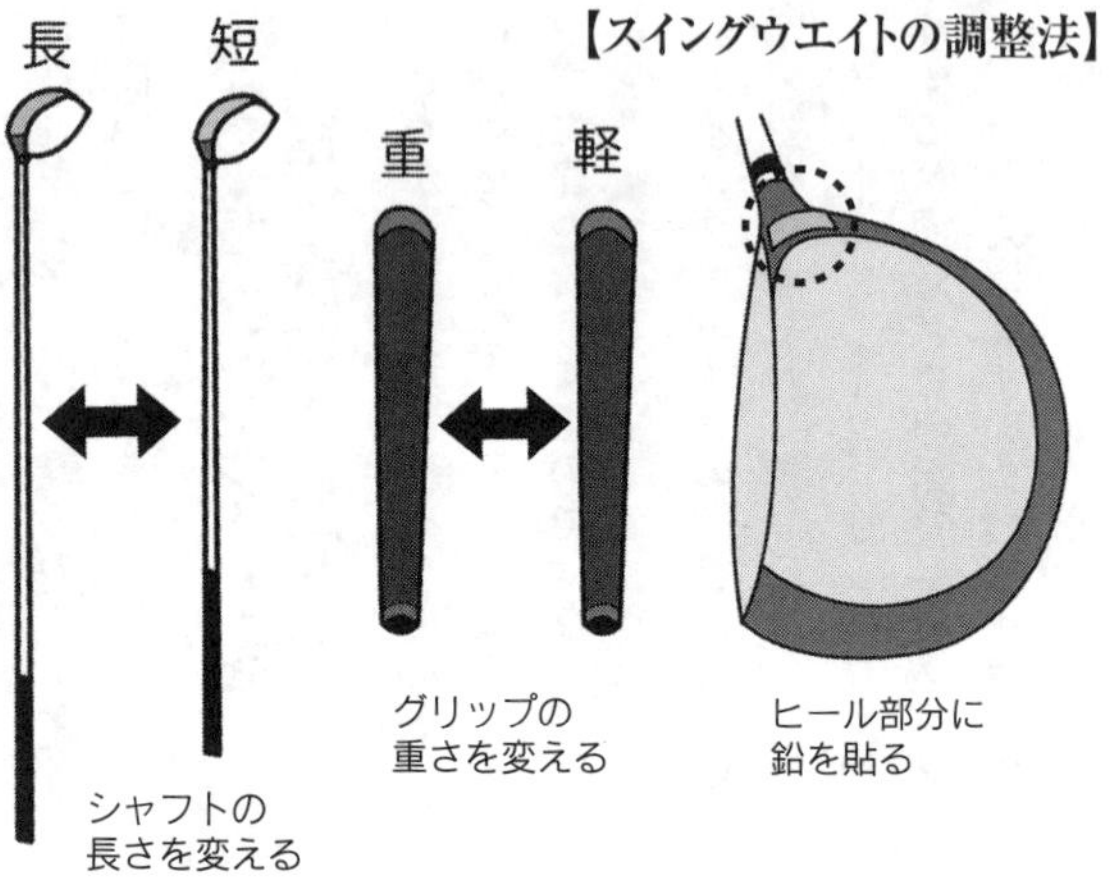

２・グリップの重さを変える

グリップを5グラム軽くすると、スイングウエイトは約1ポイント増加。5グラム重くすると、スイングウエイトは約1ポイント減少する。

３・シャフトの長さを変える

シャフトを長くするとスイングウエイトは増加し、短くすると減少する。その効果は、短いクラブほど大きくなる。

たとえば、38インチのアイアンを0・5インチ短く（あるいは長く）すると、スイングウエイトは約3・3ポイント減少（長くした場合は増加）する。いっぽう、これが45インチのドライバーなら、0・5インチ短く（あるいは長く）すると、スイングウエイトは約2・5ポイント減少

（長くした場合は増加）する。

というわけで、最初の例のようにヘッドが利きすぎると感じたときは、グリップを重くするか、シャフトを短くするかしてみればいい。お蔵入りさせるのは、それからでも遅くない。

ロフト角13度のドライバーをあまり見かけない理由
〈表示の謎〉

ゴルフクラブのカタログには「ロフト角」が表示してある。

これはクラブのフェイス面とホーゼル（シャフトを差している根元の部分）との中心線の角度のこと。ロフト角が大きければ、フェイスは上を向いているから弾道が高くなり、小さければ低くなる。そして、ロフト角の小さなドライバーは力のある飛ばし屋が使うのに対して、ふつうのアマチュアは、9・5～10・5くらいのロフト角のドライバーを使う――というあたりまでは、まあ常識のはずである。

そこで、ロフト角が8度なんてドライバーを使っているゴルファーがいると、「パワーがあるんだなあ」などと感心してしまうわけだが、じつはそのドライバー、ロフト角が10度くらいあるシロモノかもしれないのである。

1章でもふれたように、じつは、カタログやクラブのソールの裏などに表示してあるロフト角は、「表示ロフト」といわれるもので、実際のロフト角（リアルロフト）より〝水増し〟――いや、実際より小さく表示されているから〝水減らし〟されている場合がほとんどなのだ。

たしかに、ロフト角は製造段階で＋－1度くらいの誤差が出るから、リアルロフトと表示ロフトに1度程度の違いがあるのはやむをえない。しかし、リアルロフトが表示ロフトより2度以上小さい場合は、メーカー側が意図的にやっていると思ってまず間違いない。

なぜ、そんな〝不当表示〟をするのかといえば、表示ロフトが11度以上のドライバーは売れない、というのがこの業界の常識だからだ。

ヘッドスピードが40㍍/sという平均的なゴルファーの場合、もっとも飛距離（キャリー）が出るのは、ロフト13度のドライバーだといわれる。しかし、メーカー側がバカ正直に「ロフト13度」と表示したら、せっかくいいドライバーを開発しても、誰も見向きもしてくれない。そこで、メーカー側はやむをえずロフト角を偽り、「9.5度」なんて表示をして販売しているのだ。

ニッポンのゴルファーの頭のなかには、「ロフト角が少ないドライバー＝上級者用」「ロフト角が大きなドライバー＝非力なゴルファー」という公式が抜きがたくある。13度なんて表示してあるドライバーは、恥ずかしくて使えないのだ。

しかし、大切なのはそのクラブが自分に合っているかどうか。見栄を張って、オーバースペックのクラブを使えば、ボールは飛ばない、上がらない、曲がる……というわけで、もっと恥をかくことになる。

このロフト角に対する思い込みというか偏見は、後述するような〝シャフトS神話〟と並ぶ、日本特有のオバカな現象といってさしつかえあるまい。

自分にぴったりのロフト角のドライバーとは〈あなたの適正〉

というわけで、ここからは「リアルロフト」で話をすすめていくが、ドライバーで、できるだけ飛距離を出すためには、自分のスイングやヘッドスピードに合ったリアルロフトのドライバーを選ぶことが大切なのはいうまでもない。

スイングのタイプとしては、レベルブローでボールを捕らえるタイプは、大きめのリアルロフト、アッパーブロー気味にボールを捕らえるタイプは、小さめのリアルロフトが向いている。ロフトによって、ボールの高さが適正になり、それによって、そのゴルファーの最大飛距離が出せるというわけだ。

これをヘッドスピードの違いでみるとどうなるか。

以下は、ドライバーのリアルロフトと、そのドライバーを使ったときのアマチュアゴルファーの、ヘッドスピード毎の平均飛距離（キャリー）だ（「ゴルフクラブ数値.com」のデータより）。

・36㎧…9度＝174ヤード、11度＝181ヤード、13度＝185ヤード
・40㎧…9度＝206ヤード、11度＝211ヤード、13度＝213ヤード
・45㎧…8度＝231ヤード、9度＝234ヤード、10度＝236ヤード
・49㎧…7度＝254ヤード、8度＝256ヤード、9度＝257ヤード

このデータで興味深いのは、ヘッドスピードの遅いゴルファーほど、リアルロフトの違いが端的に飛距離に表れるということ。ヘッドスピード49㎧のゴルファーは、リアルロフト7度と9度では飛距離が3ヤードしか違わないが、ヘッドスピード40㎧のゴルファーは、リアルロフト9度と13度では7ヤード、36㎧のゴルファーにいたっては、リアルロフト9度と13度のドライバーでは、飛距離が11ヤードも違うのだ。

自分のヘッドスピードに合ったリアルロフトより小さなリアルロフトのドライバ

ーを使うと、ボールが上がらす、飛距離が出ない。そのため、無理やりボールを上げようとしてスイングがおかしくなるゴルファーが多い。ドライバーでボールを上げようとすると、フェイスが開きやすく、そうなるとスライスも出やすい。

反対に、自分のヘッドスピードに合ったものより大きなリアルロフトのドライバーを使うと、ボールが吹け上がって飛距離をロスすることが多い。

というわけで、〝飛ばないスライサー〟も、〝吹け上がりやすい飛ばし屋〟も、一度自分のクラブのリアルロフトをチェックしてみることをおすすめする。

小柄な人と長身の人、同じ長さのアイアンでいい?

〈不自然な適正〉

ゴルファーのなかには、身長が160センチくらいの小柄な人もいれば、180センチを超えるような長身の人もいる。

いっぽう、ゴルフクラブの長さは、長尺ドライバーなどの例外を除けば、たいてい同じ。市販のアイアンは、5Iでいうと38インチ前後のものが圧倒的に多い。

あなたは、この事実を不思議に思ったことはないだろうか。身長の低い人と高い人では、両手をだらりとおろしたときの高さ(ほぼグリップの位置と同じ)が10センチ以上違う。にもかかわらず、ほとんどのゴルファーが同じ長さのクラブを使うというのは不自然ではないか。実際、ジュニア用のクラブはシャフトが短くなっているというのに……。

そう、やっぱり不自然なのである。じつは、体格に応じたゴルフクラブの適正な長さというものがあり、それは以下のようにして求められる。

力を抜いて真っ直ぐに立ち、両手をおろす。そして、床から利き腕の手首のシワまでの高さを測る（ゴルフシューズを履いたときの高さ）。

この値に適したゴルフクラブの長さ（5Ｉ）は、以下のとおりだ（ゴルフクラブ数値.comのデータより）。

- 75～80センチ………37インチ
- 80～85センチ………37・5インチ
- 85～90センチ………38インチ
- 90～95センチ………38・5インチ
- 95～100センチ……39インチ

【身長に応じたクラブの長さは】

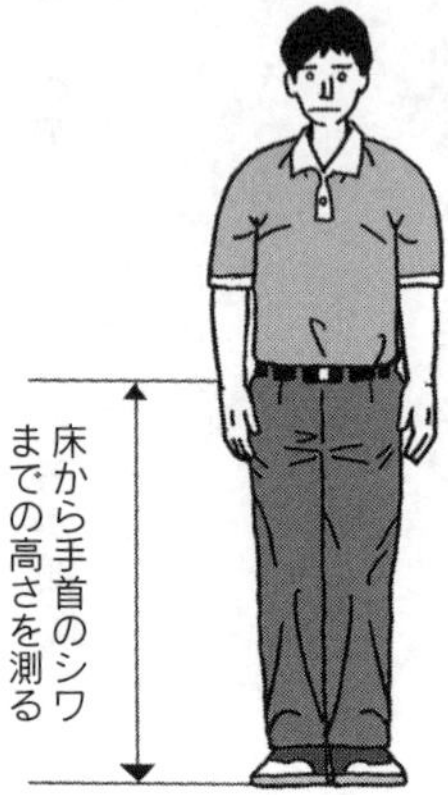

プロゴルファーは自分の身長や先の測定値などに合わせてシャフトの長さを調整しているケースが多いという。

ただ、身長は170センチ前後から195センチ前後までとかなりの幅があるにもかかわらず、短めのシャフトを使っている背の低いゴルファーの5Iは37・7インチ、長めのシャフトを使っている長身のゴルファーは38・6インチほどで、その差は1インチ以下だ。

身長差を考えれば、クラブの長さはもっと違ってもよさそうなものだが、なぜ1インチ以下なのか。それは、身長に比例してクラブを長くしていくと、ヘッドを軽くしないかぎり、クラブが振り切れなくなるから。ヘッドが軽すぎるアイアンは、アイアンの役目が果たせなくなるのだ。

というわけで、大方のアマチュアゴルファーは、身長差が20センチあっても、同じ長さのクラブを使っているわけだが、ただし、である。

小柄なゴルファーと長身のゴルファーが同じ長さのクラブを使えば、当然ながらセットアップのときのボールの位置や構え方が違ってくる。

そして、その際、ひじょうに大きな意味をもってくるのが、つぎの項目で述べる「ライ角」なのである。

【ゴルフクラブのライ角とは】

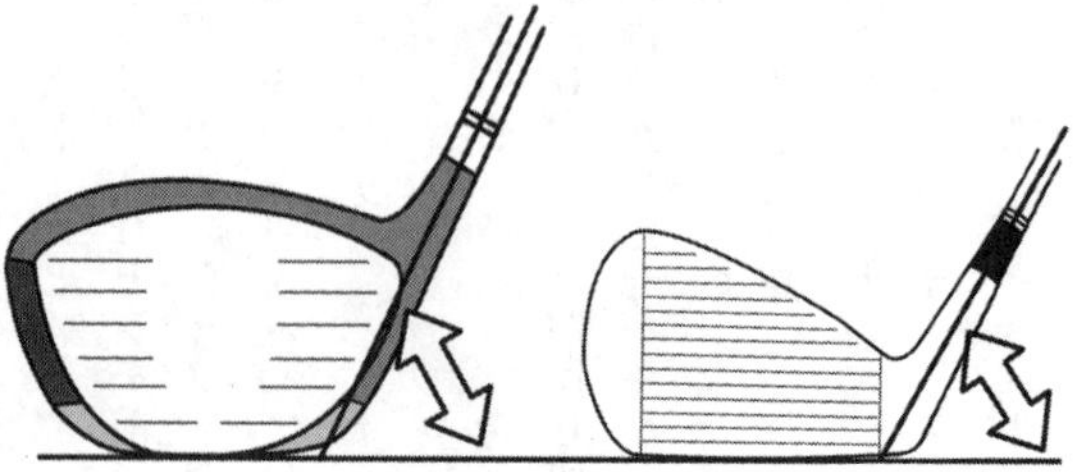

ライ角とは、簡単にいうと「シャフト」の傾き具合。
アイアンのライ角が適正でないと、飛びや方向性に影響が出る

ライ角が合っていないとアドレスが歪んでくる

〈あなたは大丈夫か〉

「ライ角」とは、ゴルフクラブのソール（ウッドの場合）や、スコアライン（アイアンの場合）が、水平になるようにして置いたとき、水平面とシャフトの中心線がつくりだす角度のこと。簡単にいえば、シャフトの傾き具合を示す数値で、大きなライ角を「アップライト」、小さなものは「フラット」という。

現在、日本で市販されているゴルフクラブの平均的なライ角は、アイアンが5Iで61度前後、ドライバーが60度前後だ。

さて、このライ角、ウッドよりアイア

ンのほうが大きな影響がある。なぜなら、ウッドはソールが丸いため、インパクト時のライ角が少々違っていても、飛びや方向性にほとんど影響を与えないからだ。

また、ウッドはアイアンよりロフト角が小さいため、ライ角が少しくらい違ってもフェイスの向きが大きくズレるということがない。

というわけで、アマチュアレベルでは、ウッドのライ角は気にしなくていいのだが、そうはいかないのが、アイアンのライ角である。

アイアンは、後述するように正しいライ角でインパクトしたときにはじめて、距離と方向性が合うようにつくられている。逆にいえば、正しいライ角でインパクトした瞬間の写真を撮ってみれば、同じライ角のクラブを使っているゴルファーなら、みなそのときのクラブの傾き具合は同じでなければならないということだ。

たとえば、身長160センチのゴルファー（Aさん）と190センチのゴルファー（Bさん）が同じライ角、同じシャフトの長さのアイアンを使っているとして、そのときのインパクトの瞬間をイラストにしてみると、次ページの1のようになる。

身長の低いAさんの前傾角度が浅く、ボールとの距離も近いのに対して、身長の高いBさんの前傾角度は深く、また腕が長いぶんだけボールとの距離が遠いことがおわかりだろう。この違いは、インパクトだけでなく、イラスト2のように、セッ

Aさん
Bさん
1
インパクト
○
×
2
アドレス
○
×
前傾角度もグリップの位置も低すぎる。もっとアップライトの角にすべき
3
×
○
ライ角が大きすぎると、グリップの位置が高く、不自然なハンドアップに

ライ角が合わないと、ミスショットが出やすいだけでなく、
ヘタなスイングを固め、永遠にミスショットをくり返すことに…

トアップの時点ですでに生じていることもおわかりのはずだ。

さて、問題は、すべてのゴルファーが、自分が使っているクラブのライ角に合ったセットアップやスイングができているかどうか、という点である。

もう一度、イラスト2をみてほしい。Bさんのセットアップの姿勢は、ひと目見て前傾角度が深すぎ、またグリップの位置も低すぎる（ハンドダウンがすぎる）ことがおわかりのはずだ。つまり、Bさんにとって、このクラブはライ角が小さすぎるということ。もっとアップライトなライ角のクラブにすべきなのだ。

反対に、身長の低いAさんが、ライ角の大きすぎるクラブを使うとどうなるか、そのときのセットアップの姿勢をイラストにしたのが、前ページのイラスト3。クラブのライ角にしたがうと、Aさんにとってはグリップの位置が高くなるため、不自然なまでにハンドアップするしかなくなっている。ボールとの距離が近すぎることもミスショットの原因になるはずだ。

というわけで、自然なアドレスをつくるためには、アイアンのライ角が適正でなければならないことがおわかりだろう。

ところが、アマチュアゴルファーには、ライ角にあまりにも無頓着《むとんちゃく》な人が多い。なかには、ライ角という言葉も概念も知らない人がいるほどで、買ってきたクラブになんの調整もほどこさずに使いつづけている人も珍しくない。

こういうゴルファーは、別な言い方をすれば「クラブに合わせてスイングをしている」ということである。

たしかに、長い間使っていれば、クラブに合わせたスイングができるようになるかもしれない。しかし、それが、自分に合っていないスイングを固めることになるとすれば、ゴルファーにとってはちょっとした悲劇だ。自分に合っていないスイングは、体に不自然な動きを強要するから、スイングを固めるのに時間がかかるし、カッコだって悪い。お世辞にも美しいスイングとはいえないはずである。

あるいは、クラブを合わせることができずに（自分に合ったスイングを固めることができずに）、永遠にミスショットをくり返すというのも悲しい。

そう、そもそもの話、ライ角が合っていないと、構造的にいって、アイアンはミスショットが出やすくなるのだ。

ライ角が合っていないと真っ直ぐに飛ばない理由

――〈ピンに寄らない謎〉

なぜ、ライ角の合っていないアイアンは、ミスショットが出やすいのか？

【なぜ真っ直ぐ飛ばないのか】

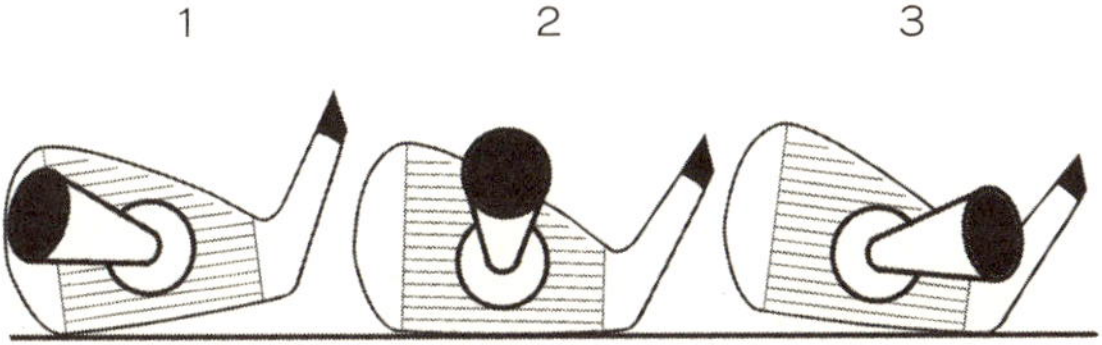

〈フラット〉
フェイスが右を
向いてしまうため
ボールは右に出る

〈適正〉
リーディング
エッジの方向に
正しく飛ぶ

〈アップライト〉
フェイスが左を
向いてしまうため
ボールは左に出る

ショートアイアンなど、ロフトの大きなクラブほど
方向性の狂いは大きくなる

上のイラストをみてほしい。これは、同じクラブでライ角を変えたときのボールが飛び出す方向を示している。いずれも、リーディングエッジは、ターゲット方向に正しく向いているのに、その方向にボールが飛んでいるのは2だけだ。

1は、ライ角がフラットになっているため、ソールのヒール側（シャフトがついている側）が浮いている。そのため、リーディングエッジの向きは正しくても、フェイスがターゲット方向より右を向いてしまっている。こうなると、当然のようにボールは右に飛び出す。

3は、ライ角がアップライトになっているため、ソールのトゥ側（ヘッドの先側）が浮いてしまっている。そのため、フ

【クラブの芯に当たらなくなる】

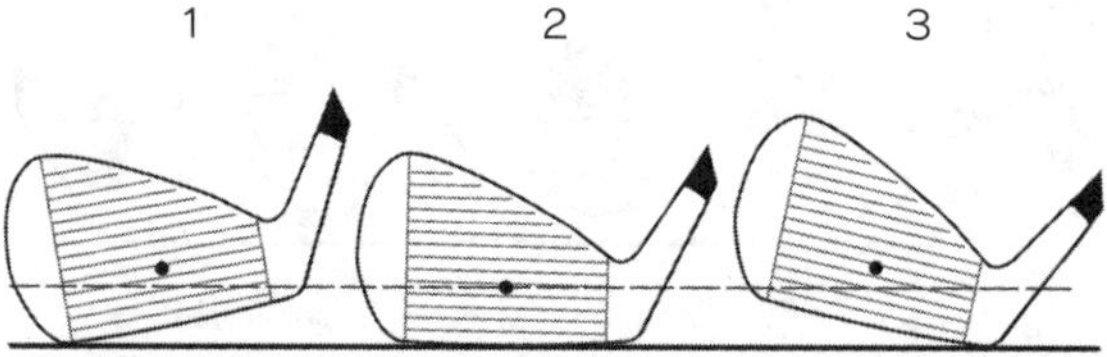

〈フラット〉
重心が本来の位置より上にくるため芯に当たらず、飛距離が出ない

〈適正〉
スイートスポットでボールをとらえることができる

〈アップライト〉
重心が本来の位置より上にくるため芯に当たらず、飛距離が出ない

ェイスがターゲット方向より左を向き、ボールも左に飛び出すことになる。

ライ角のズレによる方向性の狂いは、ウェッジやショートアイアンなどロフトの大きなクラブほど大きくなる。

この手のクラブはピンを狙うクラブだが、そんなクラブのライ角がゴルファーに合っていなければ、ショットがピンに寄らないのは当然。

逆にいえば、それでも方向性を合わせられるゴルファーがいるとすれば、それはどこかでクラブの向きやスイングを調整しているということ。

それはそれで素晴らしい適応力とはいえるけれど、間違ったスイングが体にしみついてしまう危険性はある。

やはり、自分に合ったライ角のクラブを使って、正しいスイングを身につけるのが王道であることはいうまでもないだろう。

もう一つ、ライ角がズレた状態でインパクトを迎えると、クラブの重心（スイートスポット）でボールを捕らえることが難しくなるということもある。

右ページのイラストは、ライ角がズレたときのアイアンの重心位置を示したものだが、1と3は、重心の位置が本来の位置より上にきてしまうことがおわかりだろう。

これは、それだけ芯で打つことが難しくなるということ。芯を外せば飛距離が落ちるのも当然で、ライ角の合っていないアイアンは、方向性だけでなく、飛距離も出ないというわけである。

ライ角のセルフチェック法と調整の仕方

〈ショットが見違える〉

では、いま使っているアイアンのライ角が自分に合っているかどうかをチェックするためにはどうすればいいか？

まずアイアンのソールの部分をみてほしい。長年使ったアイアンなら、ソールの

【ソール部分をみてみよう】

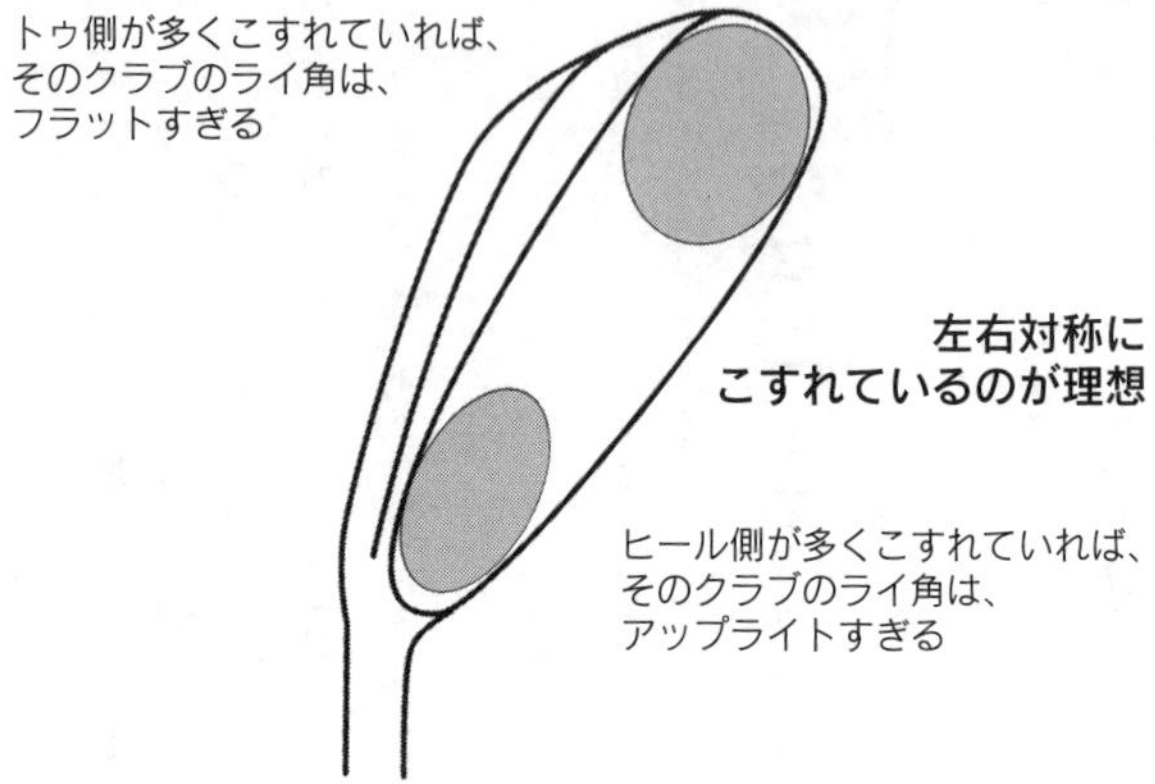
トゥ側が多くこすれていれば、
そのクラブのライ角は、
フラットすぎる
左右対称に
こすれているのが理想
ヒール側が多くこすれていれば、
そのクラブのライ角は、
アップライトすぎる

部分にキズがついていたり、すり減っていたりするはずだが、ソール全体にキズや、すり減りがあれば、そのアイアンはあなたに合っていると考えていい。

しかし、もしキズの箇所やすり減り方がヒール側に偏っていれば、そのアイアンはアップライトすぎる可能性が大。

なぜなら、ライ角がアップライトすぎるアイアンを使っていると、アイアンのヘッドが地面に接地するとき、トゥ側が浮きやすくなるからだ。

反対に、キズなどがトゥ側に偏《かたよ》っていれば、ヒール側が浮いている証拠で、こちらはフラットすぎる可能性が大ということになる。

キズのついていない新品のアイアンの

ソールの部分に紙テープを張るか、マジックで色を塗るかして、何発も練習場で打ってみる（ライ角チェック専用のシールも市販されている）。

ソールの紙テープや色を塗った部分が、真ん中あたりを中心にして、ヒール側からトゥ側まで左右対称にこすれていれば、そのアイアンのライ角はあなたに合っている。しかし、ヒール側が多くこすれていれば、そのアイアンのライ角はあなたにはアップライトすぎるし、トゥ側が多くこすれていれば、フラットすぎるということになる。

こうしたライ角のチェックは、すべてのアイアンについてやってみること。アイアンは、どのメーカーもクラブの番手が上がるにつれて、0・5度ずつライ角が大きくなるよう設計されているが、これもロフト角と同じで、製造段階で＋－《プラスマイナス》1度程度の公差があるとされている。むしろ、すべてのアイアンのライ角が正しいことのほうがまれなほどなのだ。

では、アイアンのライ角が合っていないことがわかったらどうすればいいか？

あなたの使っているアイアンのヘッドが軟鉄（forged）なら、ゴルフショップやゴルフ工房に持っていけば、簡単にライ角を調整してくれるはず。軟鉄はけっこう軟らかいのだ（だから、打感もいい）。

しかし、もしあなたの使っているアイアンヘッドの素材が、ステンレスやマレージング鋼、クロムモリブデン鋼なら、これらの金属は硬いため、残念ながらライ角を調整することはできない（まれに、1度くらいならライ角が調整できることがある。クラフトマンに相談してみてほしい）。

プロや上級者のアイアンは圧倒的に軟鉄のものが多いが、これは打感がいいだけでなく、ライ角が調整しやすいからでもあるだろう。彼らの正確なショットは、技術だけでなく、こうした道具へのこだわりによっても、もたらされているのである。

シャフトの重さはどんなものを選ぶか

〈重量の重要性〉

カーボンシャフトが登場するまで、ドライバーのシャフトはほとんどがスチールだった。プロもハンデ36のアマチュアも、等《ひと》し並《な》みにスチールシャフトのドライバーを使っていたのである。

あらためて考えてみると、これは凄《すご》いことだ。いまでいえば、タイガー・ウッズやババ・ワトソンと同じスペックのドライバーを、ハンデ36のアマや還暦すぎのゴルファーも使っているということなのだから！

しかし、時代は変わって、現在のドライバーは99％がスチールより軽いカーボンシャフト。しかも、メーカー側は、シャフトの硬度をR（regular）、SR、S（stiff）、Xなど、3～4段階に分けた純正シャフトまで用意してくれている。

これなら自分に合ったドライバーがみつかりそうなものだが、こうした純正シャフトでは満足しないのがいまどきのゴルファー。「もっと飛ばしたい」「もっと方向性をよくしたい」という欲はとどまるところを知らず、いまどきは「純正シャフトが合わなければリシャフト（シャフトを交換すること）する」というゴルファーが大勢いる。プロの間で流行中のシャフトが、あっという間にアマチュアの間でも人気になるのはご存じのとおりだ。

というわけで、ここからは主にドライバーをリシャフトするときの注意点について解説していくことにする。

シャフトを選ぶ際のポイントは、重量、硬さ（振動数）、キックポイント（調子）、トルクなどがあるが、このなかでもっとも重要なのが「重量」である。

これは、この章の最初に述べたとおり、「振りやすさ」はまずもって重量によって決まるからだ。

ゴルフクラブは、ヘッド、シャフト、グリップの3つで構成されるが、このなかでもっとも重量の幅が大きいのがシャフト。ドライバーの場合、ヘッドの重さは190～205グラム、グリップは45～55グラムの幅に90％のクラブが納まってしまうが、シャフトの場合は違う。男性向けのシャフトだけをみても、50グラム台の軽量シャフトから、プロや飛ばし屋が使う80グラムを超すものまで30グラム以上の幅があるのだ。

では、あなたにはどの程度の重さのシャフトがベストなのか？

これもこの章の最初に述べたように、ベストな重さのアイアンが決まることで、ベストなドライバーの重さが決まるから、それに合うような重さのシャフトにすればいい。たとえば、純正シャフトを装着したドライバーの総重量が310グラム。しかし、320グラムのドライバーのほうが合うとなれば、純正シャフトより10グラム重いシャフトに交換すればいいというわけである。

シャフトの硬さは表示ではわからない

〈振動数に注目〉

さて、リシャフトしたいシャフトの重さが決まると、つぎなる選択のポイントは硬さだ。硬さというと、シャフトに表示された「R、SR、S、X」などのフレックスを思い浮かべる人も多いはずだが、この表示はあまりアテにしないほうがいい。

たしかに、同じメーカーの同じシャフトなら、「RはSより柔らかく、XはSより硬い」とはいえる。

しかし、メーカーが違う場合はもちろん、メーカーが同じでも種類が違うシャフトなら、先の公式があてはまるとはかぎらない。たとえば「アスリートゴルファー向けのRシャフト」が「アベレージゴルファー向けのSシャフト」より硬いという話はざらにあるし、同じRでも、日本仕様のシャフトよりアメリカ仕様のシャフトのほうが硬いことが多い。

つまり、メーカー側が決めたRやSというフレックスには、普遍的な基準がないということ。同じRやSでも、その硬さはメーカーやシャフトの種類によってバラバラなのだ。

では、どうすればシャフトの本当の硬さがわかるのか？

ひとつの答えが「振動数」である。これは、シャフトの手元側を固定し、シャフトの先端におもりをつけてシャフトを振動させ、1分間に何回シャフトが振動するかを測定したもの。振動数が多いほどシャフトが硬いことを示している。ゴルフショップやゴルフ工房のなかには、シャフトごとの振動数を計測・表示しているとこ

ろもあるからご覧になった読者もいるはずである。

なぜ「振動数」によって、シャフトの硬さがわかるのか。それは、実際のスイングでシャフトがどう動くかがわかれば理解できるはずだ。

ゴルフのスイング中、シャフトはイラスト1のように切り返しのときに「しなり」、ダウンスイングの中間付近で「しなり戻り」をはじめる。

そして、クラブがリリースされたインパクト直前では、ヘッドが加速し、イラスト2のように切り返し直後にしなった方向とは「逆方向にしなる」。

シャフトの振動数とは、この「しなる」→「しなり戻る」→「逆方向にしなる」

というシャフトの動き（テンポ）を数値化したものだと思えばいい。

つまり、振動数の多いシャフトは、シャフトの「しなり戻り」のテンポが速いということで、スイングテンポの速いゴルファー（ヘッドスピードの速いゴルファー）に向いているし、振動数の少ないシャフトは、スイングテンポがゆっくりとしたゴルファー（ヘッドスピードの遅いゴルファー）に向いている。

あなたが男性で、かなりの飛ばし屋だとしよう。そんなあなたが振動数の少ないシャフトを装着した女性用のドライバーを使ったとすると、シャフトは文字どおりムチのようにしなり、ヘッドの動きがコントロールできないはずだ。

これは、あなたのスイングテンポが速すぎるから。インパクトのタイミングを合わせるのは、かなり難しいはずだ。

というわけで、自分に合った振動数のシャフトは、スイングテンポを基準にするのがいちばん。ふつうスイングテンポはヘッドスピードに比例するから、それを判断材料にしてもいい。

ただし、シャフトの振動数は、シャフトの長さやヘッドの形状によって違ってくる。シャフトが長ければ、振動数が少なくなって硬いと感じるし、ヘッドのネックやホーゼル（シャフトを差し込む穴）が短い（浅い）ほど、やはり振動数が少なくなって硬いと感じるようになる。

友人のドライバーを借りて打ってみたところとても感じがいい。そこで、友人と同じシャフトに換えてみたが、全然感触が違った――こんな話をよく聞くが、友人のドライバーとあなたのドライバーの形状が違えば、こうしたことは当然起こりうることなのだ。

というわけで、リシャフトしたとしても、やはり完成品を試打してみないことには目論見《もくろみ》どおりのクラブになったかどうかはわからない。厳密な話をすると、シャフトをヘッドに挿入するときの角度や先端（チップ）部分の微妙な削り方ひとつで、スイングしたときの感じが違ってくる。そして、それはクラフトマンの技量に負うところも大きい。

リシャフトするなら、技量のたしかな、そしてわれわれの注文をできるだけ聞いてくれるショップやクラフトマンにオーダーすることをおすすめする。

シャフトの「調子」をどう考えるか
〈3種類と粘り系・弾き系〉

シャフトの性能を示す3つ目のキーワードは、「調子（キックポイント）」だ。

「調子」とは、簡単にいうと、「シャフトのどの部分がもっともしなりやすいか」を表したもので、ふつう、つぎの3種類がある。

- 先調子（low kick point）……シャフトの先端（チップ）がしなりやすい。
- 中調子（middle kick point）…シャフトの中央（センター）がしなりやすい。
- 元調子（high kick point）……シャフトの手元側（バット）がしなりやすい。

このほか、先調子と中調子の中間は「先中調子」、中調子と元調子の中間は「中元調子」と呼ばれる。

「調子」についてよくある誤解は、たとえば「中調子」はシャフトの真ん中あたりがいちばん軟らかいというもの。しかし、どんな調子のシャフトも、細いチップ部分がもっとも軟らかく、太いバット部分に移動するにつれて硬くなっている。つまり、「先調子」はシャフトの先端部分が軟らかい（しなりやすい）というのは、あくまで相対的な話なのだ。

では、この3つの調子のシャフトにはどんな特徴があるのか。

• 先調子

もともと軟らかい先端部分がさらに軟らかいため、インパクト直前の「しなり戻り」のテンポが速い。「ヘッドが走る」ともよくいわれる。

【シャフトの3つの調子】

〈元調子〉
しなりを感じにくい。
左が怖いゴルファー
に向いている。
弾道は低め

〈中調子〉
もっとも無難な
シャフト

〈先調子〉
ヘッドは走るが、
左が怖いゴルファー
は要注意。
弾道は高くなる

ボールの捕まりがよくなるので、左が怖いゴルファーには不向きか。また、インパクト時のロフトが大きくなるので、弾道が高くなる。

・中調子

シャフト全体が均一にしなる感じ。ある意味、もっとも無難なシャフトで、最近のドライバーの大半は中調子の純正シャフトが装着されている。

・元調子

手元が軟らかいとはいっても、手元部分はもともと硬いため、結果として3つのなかではもっともしなりを感じないシャフト。

ボールが捕まりすぎることがないから、左が怖いゴルファーに向いている。また、インパクト時のロフトが大きくならないので、弾道は低めだ。

このほか、3つの調子を基本にしつつ、シャフトのセンター部分を相対的に軟らかくしたものを「粘り系シャフト」。センター部分を硬くしたものを「弾き系シャフト」ということもある。

粘り系シャフトの特徴は、スイング中にシャフトのしなりを感じやすいため、切り返しの「間《ま》」がつくりやすいということ。結果として、手で打ちにいくことがなくなり、自然にタメができるという効果が期待できる。

いっぽう、弾《はじ》き系シャフトは、一気にしなり戻るため、スイングテンポの速いハードヒッターに向いている。タメが強すぎて、ボールが捕まりすぎるゴルファーにも向いている。

シャフト選びで「トルク」をどう考えるか

〈硬度とトルクの違い〉

さて、シャフト選びのチェックポイントも、あと一つ。最後は「トルク」だ。

トルクというと、一般にはクルマのエンジンの性能を表す数値として知られている。その物理学的な定義をいうと、「ある固定された回転軸を中心に働く、回転軸のまわりの力のモーメント」ということになる。クルマは最終的にタイヤを回転させる力によって前に進むが、その回転させる力がトルクというわけだ。

このトルクが、なぜゴルフクラブのシャフトにもあるのかというと、ゴルフクラブは、シャフトを軸にしてヘッドが回転する（ねじれる）からである。このねじれの強さを表したのが「トルク」だ。

「ねじれ」は硬度のときに出てきた「しなり」とは違う。シャフトがしなっているときは、シャフトが一定方向に振動しているためヘッドはあくまで直線的に動くが、

切り返しの直後から
シャフトは時計回りに
ねじれ、ダウンスイング
の中間、リリース直前に
ねじれは頂点に
リリース後は、
シャフトのしなりと
同調しながら、
反時計回りに
ねじれ戻ろうとする
スイング軌道が不安定な人
ほどトルクの大きなシャフト
がミスをカバーしてくれる

シャフトがねじれているときは、ヘッドは回転しているのだ。

シャフトは、切り返しの直後から、上のイラストのように時計回りにねじれ、そのねじれはダウンスイングの中間、リリースの直前に頂点に達する。

そして、リリース後は、シャフトのしなりと同調しながら、反時計回りにねじれ戻ろうとする。

そして、フェイス面がスクエアに戻ったときにインパクトを迎えると、ボールは真っ直ぐに飛び出すというわけだ。

ちょっと考えると、シャフトはねじれないほうが方向性は安定するような気がする人もいるはずである。つまり、トルクは小さければ小さいほどよさそうな気がしてしまうのだが、それは、たとえていえば、ロボットがスイングした場合の話だ。人間がスイングすると、トップの位置で、どうしてもフェイスが開いたり閉じたりする。そのズレを吸収して、違和感なくスイングできるようにするのがトルクの役割なのだ。

トルクは、よくクルマのハンドルの〝遊び〟にたとえられる。レーシングカーのハンドルは〝遊び〟が少ないから、ハンドルのちょっとした操作がダイレクトにクルマに伝わるが、トルクの少ないシャフトもこれと同じ。〝遊び〟が少ないから、シャフトがゴルファーのミスをカバーしてくれることが少ない。しかし、トルクが大きいシャフトは、ふつうのクルマのハンドルと同じで〝遊び〟があるから、ミスをカバーしてくれる。

つまり、スイング軌道《きどう》が不安定なゴルファーほど、トルクの大きなシャフトのほうが、ミスを減らしてくれるということ。逆に、プロがトルクの小さなシャフトを好むのは、自分の意思で球筋をコントロールしたいからというわけである。

トルクの大小は、ヘッドスピードによっても向き不向きがある。ふつうヘッドスピードが速いゴルファーがトルクの大きなシャフトのクラブを使うと、インパクトのときにシャフトがねじれ戻りすぎてしまい、ボールは左に曲がりやすい。

反対に、ヘッドスピードが遅いゴルファーがトルクの小さなシャフトのクラブを使うと、トップでシャフトがあまりねじれないかわりに、インパクト時にもねじれ戻りが少ないため、ボールは弱々しく飛び出し、右に曲がりやすくなる。

ヘッドスピードだけではシャフトは選べない
〈数値化できない感性〉

シャフト選びのポイントについて説明してきたが、ほとんどの項目で、ヘッドスピードがその判断基準になることがおわかりのはずだ。つまり、

- **ヘッドスピードの遅いゴルファー↓**軽く、軟らかく、先調子で、高トルクのシャフト
- **ヘッドスピードの速いゴルファー↓**重く、硬く、元調子で、低トルクのシャフト

が向いているというわけだ。しかし、これはあくまで原則でしかないことは理解しておいてほしい。

なぜなら、ヘッドスピードは同じでも、ダウンスイングのどの段階で力をため、どの段階でその力を放出するか、別な言い方をすればタメの強弱などが、ゴルファーによってみな違うからだ。

たとえば、ハードヒッターは、ダウンスイングのわりと早い段階でヘッドがトッ

プスピードに達するが、いわゆるスインガーは、ダウンスイングの初期はスピードを抑え、インパクトで一気にヘッドを加速していく。さらに、腕と手首の使い方もゴルファーによって微妙に違う。

つまり、あるゴルファーにぴったりのシャフトを選ぶためには、数値化できない要素も加味しなければならず、そのプロセスは、どんなヘッドと組み合わせるかという選択肢（きわめて重要）もあって、ひじょうに複雑なのだ。

というわけで、けっきょくのところ、シャフト選びは、試打をしながら、結果として出てきたデータ（飛距離やバックスピン量、ボールの高さなど）をみつつ、最終的にはゴルファー自身の「感性」によって決めるしかない。

なんだか無責任な話のようだが、これまで説明してきたことは、シャフト選びの基本中の基本だから、リシャフトをしようとする人は知っておくに越したことはない。あとは、あなたの感性しだいなのである。

「慣性モーメント」とは何なのか？

〈進化した道具の扱い方〉

この章の最後に、「慣性モーメント」について解説しておこう。ゴルフクラブにまつわる言葉で、わかったようでわからないのが、この「慣性モーメント」だ。

「このドライバーは慣性モーメントが高いから、曲がらない」「このパターは慣性モーメントが高いから、フェイス面をスクエアにキープできる」云々……。

クラブメーカーの宣伝文句をみていると、「慣性モーメントが高い」ことは、すべていいことずくめという感じなのだが、本当のところはどうなのか？

まずは「慣性モーメント」の説明だが、「慣性」というと、中学の理科の時間で習った「慣性の法則」を思い浮かべる人もいるはずである。

この法則は、かみ砕いていうと「止まっているものは、外から力が加わらないかぎり止まっている。しかし、外から力が加わって一度動きだすと、いつまでも動きつづける」というもの。で、「慣性モーメント」とは、この慣性の働きの強さを表した数値だと思えばいい。

たとえば、全部が木だけでできたコマと、木の周囲に鉄のリングがついたコマがあったとする。木だけでできたコマは軽くて簡単に回すことができるが、すぐに止まってしまう。いっぽう、鉄のリングがついたコマは、重いぶんだけ回すのに力がいるけれど、一度回り出すと長い間回っている。この場合、鉄のリングのついたコマのほうが、慣性モーメントが大きいということになるわけだ。

これをゴルフクラブのドライバーにあてはめてみると、つぎのようになる。

ドライバーのヘッドは、1章で説明したように、インパクトで芯を外すと回転して、ボールにサイドスピンがかかったり、距離をロスしたりする。

この現象を、ひと昔前のパーシモンヘッドと、いまどきのチタンを使ったメタルヘッドで比べてみると、どうなるか。

パーシモンヘッドは、いってみれば全部が木でできたコマで、メタルヘッドは鉄のリングがついたコマに見立てることができる。

ということは、ミスヒットしたとき、どちらのヘッドが回転しにくいかは、もうおわかりだろう。メタルヘッドはパーシモンヘッドより慣性モーメントが大きいため、ミスヒットしてもヘッドが回転しにくい。それだけ曲がりにくく、距離もロスしないというわけである。

一般に、回転する物体では、重量が重いほど、そして同じ重さの場合は周辺に重量が配分されているものほど、慣性モーメントが大きいことがわかっている。

その意味で、クラブメーカーにとって、チタンはまさに願ったりかなったりの素材といえた。なぜなら、軽くて丈夫なチタンをヘッドのフェイスに使えば、フェイスを軽く薄くして、ヘッドの周辺に重量を配分することが可能。つまり慣性モーメントの高いドライバーをつくることができるからだ。

というわけで、いまどきのドライバーはほとんどが、中身が空っぽで、ヘッドの周辺に重量を配分したチタンヘッドになっている。

ただ、こういうドライバーは、曲がりにくい一方で、インテンショナルなフックやスライスを打つことが難しい。だから出始めのころは、昔気質《かたぎ》のプロゴルファーはなかなか使おうとしなかったのだが、いつしかその〝易《やさ》しさ〟と飛距離の魅力に負けて、いまではパーシモンヘッドのドライバーを使うプロなど誰もいなくなった。

そして、打ち方も、パーシモンのときとは違って、手首を意図的に返さない打ち方、ヘッドを操作しようとしない打ち方が主流になっている。

パターにしても、慣性モーメントが大きなものは、ヘッドが大きく、真四角に近い形で、しかもヘッドの周辺に重量が配分されているものが多い。

これも、パターをミスヒットしても（芯を外しても）、フェイスの向きが変わらないための工夫。ゴルファーが手首をこねたりせず、振り子のように素直にストロークすれば、黙っていてもヘッドは真っ直ぐ進むように設計されているわけで、それでも入らないのは、ラインの読みと距離感が合っていないせい、つまり〝自己責任〟というわけである。

あとがき

スポーツの世界では、「心技体」がそろって初めて、能力が100％発揮できるといわれる。

プレッシャーに動じない心と、厳しい練習によって磨《みが》いた技、そしてその練習に耐え、本番でも最後まで戦い抜けるタフな体。たしかにこの3つは、勝利を目指すアスリートには絶対に欠かせない要素だろう。

そして、程度の差こそあれ、〝100切り〟〝90切り〟を目指すアマチュアゴルファーも、同じように心技体のレベルアップが求められている。

この本では、ゴルフにおける「心技体」を科学的に分析することで、アマチュアゴルファーが気づいていないスイング時の身体の使い方や、パッティングの極意、そして、心の平静さを保つ方法などを紹介した。

心技体についての理論がわかれば、あとは練習あるのみ。すべてのゴルファーが、遠回りすることなく、上達されんことを祈っている。

●左記の文献等を参考にさせていただきました――

『飛ばすため！　曲げないため！　クラブ&ボール本当の科学』山口哲男（パーゴルフ新書）／『パット・エイミング教本』細貝隆志（星雲社）／『上達の法則』岡本浩一（PHP新書）／『ゴルフストレッチング』白木仁（新星出版社）／『ゴルフボディの作り方』菅原賢（スキージャーナル）／『なぜナイスショットは練習場でしか出ないのか』市村操一（幻冬舎新書）

『ゴルフクラブ数値.com』（http://www.golfclubsuuchi.com）

KAWADE
夢文庫

ゴルフは科学でうまくなる

二〇一一年十二月一日　初版発行
二〇一三年七月五日　11刷発行

著　者……………ライフ・エキスパート［編］
企画・編集………夢の設計社
東京都新宿区山吹町二六一〒162-0801
☎〇三―三二六七―七八五一（編集）
発行者……………小野寺優
発行所……………河出書房新社
東京都渋谷区千駄ヶ谷二―三二―二〒151-0051
☎〇三―三四〇四―一二〇一（営業）
http://www.kawade.co.jp/
装　幀……………川上成夫＋塚本祐子
印刷・製本………中央精版印刷株式会社
組　版……………アルファヴィル
Printed in Japan ISBN978-4-309-49819-5